MINERVA
はじめて学ぶ
保育

名須川知子/大方美香
[監修]

保育所・幼稚園・幼保連携型認定こども園実習

亀山秀郎
[編著]

ミネルヴァ書房

監修者のことば

　本シリーズは、保育者を志す人たちが保育を学ぶときにはじめて手に取ることを想定したテキストになります。保育や幼児教育、その関連領域に関わる新進気鋭の研究者や実践者の参画を得て、このテキストはつくられました。

　2015年に「子ども・子育て支援新制度」がスタートし、今春には新しい「保育所保育指針」「幼稚園教育要領」「幼保連携型認定こども園教育・保育要領」が施行されます。新「保育所保育指針」においては0〜2歳児の保育の充実や、保育所における幼児教育の重要性が提示され、「幼稚園教育要領」では、3歳児からの教育の充実、「幼保連携型認定こども園 教育・保育要領」では、0歳児からの3つの視点と、3歳児からの5つの領域の連続性が示されています。また、指針・要領共通で、小学校からの学びの基盤としての「幼児期に育みたい資質・能力」が10項目の形で提示されました。

　つまり、これから保育者を目指す人たちは、今後は保育所・幼稚園・認定こども園が共通の枠組みで、高い専門性をもって、子どもの健やかな育ちや豊かな学びを支えていく時代となる、ということを理解しておかなくてはなりません。

　また、新指針・要領においては、保育における全体的な計画の作成や評価のあり方、また、小学校への接続についても充実を図る必要性が示されました。保育者は、乳幼児の自発的な遊びのなかでの学びをとらえ、一人ひとりの子どもの成長発達に合わせて、小学校へつなぎ支えていく役割であることが、ますます求められています。

　保育をめぐる現在の動向は日々変化しており、まさに激動の時期といえます。最新の動向を常に学ぼうという姿勢が、これからの保育者にはますます必要となるでしょう。そこで本シリーズでは、保育者が知っておくべき最新の動向については豊富に、これから学ぼうとする人にもわかりやすく解説しています。一方で、昔から変わらず重要とされている基礎的な事項についても押さえられるように配慮してあります。また、テキストを読んだあとで、さらに学習を進めたい人のための参考図書も掲載しています。

　みなさんが卒業し、実際に保育者になってからも、迷いがあったときや学びの振り返りとして、このテキストを手元において読まれることを期待しています。

2018年3月

名須川知子
大方　美香

はじめに

　本書の特徴は以下の3点が挙げられます。

①2018（平成30）年度から運用される「保育所保育指針」「幼稚園教育要領」「幼保連携型認定こども園教育・保育要領」に対応した形で、「幼児期の終わりまでに育てたい10の姿」、育成すべき「資質・能力」について記載して、実習の進め方を記載しています。

②本書の執筆者全員が、現場での経験を持っています。各執筆者が、保育所、幼稚園、幼保連携型認定こども園の現場経験を生かして、それぞれが執筆を担当しています。執筆者が保育者と保育者養成大学指導教員双方の指導経験を持っていることをいかし、実習生が持つ不安や課題について解決するアイディアを丁寧かつ数多く記載しています。

③本書を読む学生だけでなく、保育者養成大学指導教員に対しても、新しい学び方の提案をしています。学習方法としては、「アクティブ・ラーニング」の要素を取り入れたグループワークの手法、教職課程コアカリキュラムに準拠したインターンシップにおける学びの視点、実習でより一層身近なものとして感じる就職への準備や、就職先の園におけるキャリアパスについてイメージできるように記載しています。

　実習は、保育士、幼稚園教諭、保育教諭以外にも看護士等のさまざまな資格を必要とする職業に就くために必要な体験です。また、この職業は小さな幼子の命を預かる仕事でもありますので、実習生でも臨む気持ちはしっかり持たなくてはなりません。私自身も実習を体験しました。自信をもって取り組んだつもりが、責任実習を任された時には、泣き出す子ども、部屋を飛び出す子ども、そしてけんかの仲裁に入ったつもりが、実習生である自分が子ども同士の折り合いのつける機会を奪ってしまうこともありました。指導して下さる担任保育者や保護者からもいろいろなご指導をいただきました。しかし、実習後も実習園の行事や研究会に関わらせていただき、指導してくださった保育者、子どもたちや保護者にまで、私のことを覚えていただきました。保護者の方には「子どもが実習最終日に作ったものを小学生になっても机の上にまだ飾っています」と言っていただき、学生の自分にとってうれしく思いました。

　誰もが不安を抱く実習ですが、終えてみれば最高の思い出となり、保育者となる決意を新たにできるものでもあります。

　本書が、これから実習に臨む皆さまにとって参考になり、子どもたちからいろいろなことを学ぶ機会を生み、保育者として社会に出ることに寄与できれば、執筆者一同とても幸せです。

　2018年3月　桃の節句を園児とお祝いするとき

　　　　　　　　　　　　　　　　　　　　　　　　　　　　　亀山　秀郎

目次

はじめに

第1章　保育所・幼稚園・幼保連携型認定こども園での実習

レッスン1　実習とは ……………………………………………… 2
① 保育者をめざす皆さんへ…2　② 免許・資格と実習…3　③ 保育者としての専門性と実習…5　④ 実習に臨む心構え…7　⑤ 実習に向けての手続き…11

レッスン2　保育士になること（保育所実習） ……………………… 16
① 保育士になるために…16　② 保育所の役割と機能…20　③ なぜ実習が必要か？…23

レッスン3　保育所実習の実際と注意事項 ……………………… 28
① 0・1・2歳児の一日…28　② 0・1・2歳児の発達の特徴…33　③ 保育所実習での注意事項…39　④ 異年齢保育…41

レッスン4　幼稚園教諭になること（幼稚園実習） ………………… 43
① 幼稚園教諭になるために…43　② 幼稚園教育について…44　③ 幼稚園教諭とは…47　④ 幼稚園教育実習の実際…51

レッスン5　幼稚園実習の実際と注意事項 ……………………… 55
① 実習先幼稚園の保育の形態や種類…55　② 幼児の発達の特性…55　③ 実習の種類…56　④ 幼稚園実習での注意事項…65

レッスン6　保育教諭になること（幼保連携型認定こども園実習） ……… 68
① 保育教諭になるために…68　② 認定こども園とは…71　③ 幼保連携型認定こども園…74

レッスン7　幼保連携型認定こども園実習の実際と注意事項 ……… 78
① 実習に臨む前に…78　② 幼保連携型認定こども園での一日…78　③ 幼保連携型認定こども園における地域の子育て支援について…84　④ これからの幼児教育に関わるにあたって…87

第2章　実習日誌とは

レッスン8　「記録」と子ども理解 ……………………………… 94
①「記録」から子ども理解を深める…94　② 実習日誌は一日を振り返るためのツール…96　③ 子ども理解の多様な視点…97　④ エピソード記録とその書き方…100

レッスン9　実習日誌の書き方 ………………………………… 104
① 実習中のメモのとり方とタイミング…104　② 実習日誌の記入ポイントや内容について…106

第3章　指導案とは

レッスン10　指導実習と実習指導案の作成 ・・・・・・・・・・・・・・・・・・・・・・・・・・・・・ 118

① 指導実習において実習指導案を作成することはなぜ大切か…118　② 実習指導案作成の手続き…121　③ 実習指導案作成の手順と考え方…122　④ 実習指導案作成時のその他の留意点…132

レッスン11　実習指導案の書き方の実際 ・・・・・・・・・・・・・・・・・・・・・・・・・・・・・・・ 134

① 手遊び、絵本の読み聞かせの実習指導案の作成…134　② 制作活動系の実習指導案の作成…136　③ 室内で行うゲーム的活動の実習指導案の作成…138　④ 戸外での活動的な遊びの実習指導案の作成…140　⑤ 責任実習の実習指導案の作成…142

第4章　実習を振り返る

レッスン12　実習直後のまとめ・・ 150

① 実習ファイルのまとめと完成…150　② お礼状について…152　③ 実習先への再訪問での注意…154　④ 実習先から改めて得られる情報…155

レッスン13　実習の評価 ・・・ 158

① 実習の振り返り…158　② 実習の評価について…162

レッスン14　実習体験の共有と今後の学び ・・・・・・・・・・・・・・・・・・・・・・・・・・・・ 166

① 実習体験の共有による学び…166　② 今後の養成校における学び…169

レッスン15　就職への心構えと内定を受けてから ・・・・・・・・・・・・・・・・・・・・・・ 174

① 就職先の園選び…174　② 採用試験について…179　③ 内定してから…180　④ 就職にあたって…181

巻末資料…183

さくいん…188

● この科目の学習目標 ●

「指定保育士養成施設の指定及び運営の基準について」（雇児発 0331 第 29 号）において
5 つの目標が明示されている。①保育実習の意義・目的を理解する。②実習の内容を理解し、
自らの課題を明確にする。③実習施設における子どもの人権と最善の利益の考慮、プライ
バシーの保護と守秘義務等について理解する。④実習の計画、実践、観察、記録、評価の
方法や内容について具体的に理解する。⑤実習の事後指導を通して、実習の総括と自己評
価を行い、新たな課題や学習目標を明確にする。本書も、この目標を達成するよう、内容
を考えている。

● 教職課程コアカリキュラムへの対応 ●

また、本書は 2017（平成 28）年 11 月 17 日に発表された教職課程コアカリキュラムに
も準拠している。

第1章

保育所・幼稚園・幼保連携型
認定こども園での実習

本章では、保育者になるためにはなぜ保育所・幼稚園・幼保連携型認定こども園における実習が必要なのかについて学んでいきます。まずは実習の概要について学習し、その後各教育・保育施設ではどのようなことが行われているのかについて理解していきましょう。

レッスン1　実習とは

レッスン2　保育士になること（保育所実習）

レッスン3　保育所実習の実際と注意事項

レッスン4　幼稚園教諭になること（幼稚園実習）

レッスン5　幼稚園実習の実際と注意事項

レッスン6　保育教諭になること（幼保連携型認定こども園実習）

レッスン7　幼保連携型認定こども園実習の実際と注意事項

レッスン**1**

実習とは

学内での講義や演習だけでなく、なぜ学外での実習が必要なのでしょうか。本レッスンでは、実習の目的や大切さ、実習に至るまでのスケジュールや事前準備、実習に臨む心構えなどについて学びながら、実習に対するイメージを確かなものにしていきましょう。

1. 保育者をめざす皆さんへ

　将来の仕事として保育所や児童養護施設などの児童福祉施設で働く保育士、幼稚園で働く幼稚園教諭、幼保連携型認定こども園で働く保育教諭など、保育に携わることをめざしている皆さんに、本書のはじまりとしてまず伝えたいことは、保育の現場は、保育実習で皆さんが保育の場に来てくれることを心から待ち望んでいるということです。養成校などで学ぶ、明るく、夢と希望にあふれた皆さんとの出会いを、現場で働く職員だけでなく、何より子どもたちが、心から待ち望んでいます。

　すぐにあなたの足に抱きついてきて離さない子、それを少し離れたところからそっと見ている恥ずかしがりやの子、あなたが給食やお弁当をおいしそうに食べる様子が大好きな子。こうした子どもたちからのさまざまなまなざしがあなたに向けられる場、それが実習の場です。

　実習をとおして、大好きだった子どもをもっと好きになるかもしれません。あるいは、子どもたちに対する責任の重さを痛感しながらも、保育というかけがえのない営みに生きがいや使命感を感じるかもしれません。また、実習中に、一人ではくじけてしまいそうなつらいことがあるかもしれません。無事に乗り越えたその先に、自身の成長と、支えてくれた人への感謝の気持ち、支え合うことの大切さを誰よりも感じることができるようになっているかもしれません。

　「資格を取るための実習」ではなく、「自分を成長させるための実習」という思いで臨めたとき、実習におけるさまざまな出会いはきっと皆さんに多くの変化をもたらしてくれるでしょう。本書は、実習が皆さんにとってかけがえのないものになるよう、実習に関する情報を得ることだけでなく、皆さんが実習に価値を見いだし、前向きな思いで実習に臨んでいけるよう、**実習に向けた意識づくり**としても活用してくださること

レッスン1　実習とは

を願っています。

2. 免許・資格と実習

　よりよい保育者をめざすためには、学内での講義科目や演習科目による学びだけでなく、それらをとおして習得した知識や技能を基礎にしながら、さらなる子ども理解、保育現場への理解の深化、実践的な応用能力を養うことが重要視されています。そのため、保育士資格や幼稚園教諭免許を取得するためには、実際の保育の場において体験的な学びを行うための「実習」科目の履修が必要とされています。

　まずは国家資格である「**保育士資格**」や教員免許の一つである「**幼稚園教諭免許**」を取得するために定められた、実習の概要について理解していきましょう。

1　保育士資格と実習

　保育士資格を取得するために必要な実習については、厚生労働省雇用均等・児童家庭局長通知の「指定保育士養成施設の指定及び運営の基準について」において図表1-1に示すような「保育実習実施基準」が示されています。多くの養成校は、大学、短期大学などの区別なく、この基準に従って保育実習を行っています。なかには実践力の向上をめざして、この基準より多くの実習を実施しているところもあります。

　保育実習は複数回にわたり、段階的に実習が行われることが特徴的です。まず、「保育実習Ⅰ」では、保育所や**幼保連携型認定こども園**または「児童福祉法」第6条の3第10項の小規模保育事業を行う施設などでの実習と、乳児院、障害児入所施設など保育所以外の児童福祉施設での実習の両方を行います。これは、保育士は、保育所だけでなく、さまざまな児童福祉施設にも配置されており、必要とされる専門性も多岐にわたるからです。そのため、保育所だけでなく、児童福祉施設やそれら

参照
保育士資格取得のための実習が可能な幼保連携型認定こども園
→レッスン6

補足
保育士資格に必要な実習
「保育実習Ⅰ」の4単位の内訳は、保育所または幼保連携型認定こども園、小規模保育などにおける実習2単位と、それ以外の施設における実習2単位となっている。

図表 1-1 保育士資格に必要な実習実施基準

	必要な実習	単位数	日数
保育実習Ⅰ	必修	4単位	約20日
保育実習Ⅱ	選択必修（ⅡまたはⅢのいずれか）	2単位	約10日
保育実習Ⅲ		2単位	約10日

出典：厚生労働省雇用均等・児童家庭局長通知「指定保育士養成施設の指定及び運営の基準について」（平成27年3月31日一部改正）をもとに作成

3

第1章　保育所・幼稚園・幼保連携型認定こども園での実習

◆補足

児童
「児童福祉法」第4条で「満18歳に満たない者」と定義されている。

参照

保育所以外の児童福祉施設などでの実習
→レッスン2、18頁

を利用する**児童**について広く理解を深めるために両方の実習を行います。
　次の段階では、「保育実習Ⅱ」（保育所・幼保連携型認定こども園における実習）もしくは「保育実習Ⅲ」（**保育所以外の児童福祉施設などでの実習**）のいずれかを履修することで、さらなる専門性の向上につなげます。ただし、養成校によっては、「保育実習Ⅱ」もしくは「保育実習Ⅲ」のいずれかを開講していない場合や、いずれかの科目が必修科目に指定されている場合もあるなど、実習のカリキュラムは養成校ごとに違いがあります。

2　幼稚園教諭免許と実習

　幼稚園教諭免許を取得するために必要な実習は、5単位の「教育実習」が必修科目となっています（「教育職員免許法施行規則」第6条）。ただし、事前・事後指導が1単位含まれるので、実習自体は4単位です。
　保育実習と同様に、多くの養成校が大学・短期大学などの区別なく、この基準に従って教育実習を行っています。

参照

幼稚園教諭免許取得のための実習が可能な幼保連携型認定こども園
→レッスン6、72頁

　教育実習は幼稚園または**幼保連携型認定こども園**において行われます。実習回数や期間については、図表1-2のように、1回の実習で4週間行うパターン、複数回に分けて実習を行い、合計4週間行うパターン、4週間以上行うパターンなど、養成校ごとに異なっています。
　なお、幼稚園教諭免許は、保育士資格と異なり、四年制大学と短期大学では取得できる免許の種類が異なっています（図表1-3）。短期大学や専門学校などの文部科学省の指定する教員養成校では二種免許、大学や短期大学の認定専攻科では一種免許、大学院では専修免許を取得することになります。

図表1-2　幼稚園教諭免許取得のための実習のパターンの例

実習回数	実習内容		
1回	教育実習（4週間）		
2回	教育実習①（2週間）	教育実習②（2週間）	
2回以上	教育実習①（4週間）		教育実習②（2週間）

図表1-3　幼稚園教諭免許の種類

免許の種類	二種免許	一種免許	専修免許
基礎資格	短期大学士の学位を有すること	学士の学位を有すること	修士の学位を有すること
主な取得先	短期大学、文部科学省指定の教員養成校	大学	大学院

レッスン1　実習とは

3．保育者としての専門性と実習

1　学内の学び（理論）と実践的な応用能力

インシデント①：学内での学びと実習の場での自己判断

　保育実習4日目のことでした。それまでは園舎の1階にある1歳児クラスに配属されていましたが、この日からはじめて2階にある3歳児クラスに配属になりました。朝、まだ子どもが来る前に担任の先生が換気のために保育室の窓を開けました。その後、担任の先生が所用でしばらく職員室に戻っている間に、子どもが数人、登園してきました。私は窓が開いているため、安全上、窓を閉めることも頭をよぎりましたが、担任の先生が窓を開けたので、勝手に閉めてしまうのもよくないのではないかと思い、そのままにしていました。しばらくして担任の先生が保育室に帰ってくると、窓が開いていることに気づき、すぐに閉めました。そして、「窓開けっぱなしで行っちゃった。子どもが来たら窓を閉めてねって伝えておけばよかったね。次、もし私がいないときに窓が開いていたら、危ないので閉めてもらえるとうれしいな」と私に伝えました。

　この実習生は、実習前に行われた養成校での授業をとおして、保育者の専門性の一つである安全管理の大切さや、3歳ごろは発達的な特性もあって転落による事故も起きていることなどを学習していました。そのため、窓が開いている状況に対して、一定の危機感を感じることはできています。しかし、実習では学習したことを基礎にしながら、その場で**自己判断し行動するという実践的な応用能力**が必要になります。そうはいっても、はじめはこの実習生のように、**どこまで自己判断をしてよいかわからない**のは当然です。実習における気づきや反省をとおして、自ら考え、判断し、行動することを積み重ねていくことが、**理論と実践の関係を習熟**させ、保育者としての専門性を高めていくことにつながっていきます。

2　養成校での学びと現場での学びの関係

　ここまでみてきたことから、**実習の目的**は以下のようにまとめられます。

5

> 養成校での講義科目や演習科目をとおして習得した知識や技能を基礎にしながら、実践的な応用能力を養うために、保育の理論と実践の関係について習熟させること。

　このような実習の目的を踏まえて、それぞれの保育実習や教育実習では、より具体的な目標がそれぞれに定められています。
　重要なことは、実習という現場でのかけがえのない体験的な学びだけではなく、その学びの基礎として、養成校での学びも同様に重要だという点です。保育系の大学院には、現場で保育者をしている先生方も多く勉強しに来られます。十分な実践経験がある保育士の方々も、理論を学ぶことで、専門性を高めようとするわけです。このように、「**理論から**

図表1-4　理論と実践の往還モデル

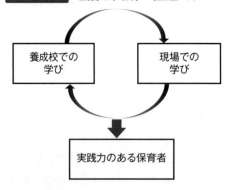

図表1-5　養成校の学びと実習の関連の例

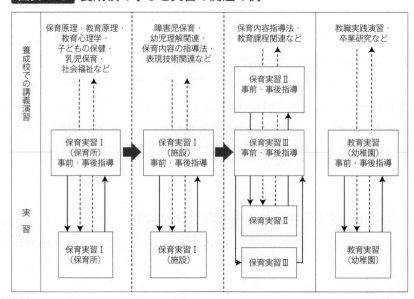

実践」「実践から理論」という図表1-4に示す往還作用が、より深い学びにつながり、専門性を高めていくのです。

　養成校においては、短期大学であれば2年間、大学であれば4年間の期間のなかで、図表1-5に示すように、それぞれの「保育実習」に「事前の学び→実習→事後の学び」があり、実習と実習前後の学びの往還のなかで保育者としての専門性を高めていくことになります。このように養成校内外での学びが、専門性の向上と不可分であることを理解することで、より実習を行う意義を明確にもつことができます。

◆補足
実習科目の履修
実習科目の履修には、ある程度の保育の基礎的な理解があることが前提になる。そのため、多くの養成校では、実習に行くために一定数の保育関連科目の単位修得を義務づけるなどの履修要件が定められている。こうした点からも、理論と実践の往還を重視していることがわかる。

4．実習に臨む心構え

1　実習に臨む基本姿勢

①保育者が実習で学生に学んで身につけてほしいことから

　現場で働く先輩保育者は、実習生に対して、どのようなことを望んでいるのでしょうか。こうした点を理解することで、実習生が大切にしなければならない、実習への心構えについて考えるきっかけになります。

　図表1-6は、筆者が調査した「保育者が思う『実習をとおして学生に身につけてほしいこと』」の結果です。**「子ども理解」「現場理解」「礼儀マナー」「積極性」**が上位にきていることがわかります。一方で、保育者の専門性を考えるうえで重要なはずの「記録の書き方」や「保育技術」については、それほど多くの指摘がなされていません。こうした結果は次のようにとらえることができるでしょう。

・保育の基本は何よりもまず「子ども理解」である。

図表1-6 保育者が思う「実習をとおして学生に身につけてほしいこと」

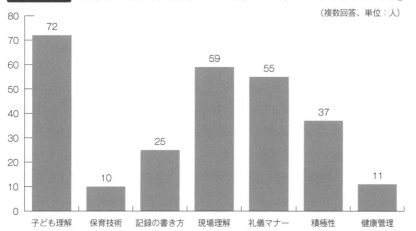

（複数回答、単位：人）

第1章　保育所・幼稚園・幼保連携型認定こども園での実習

・保育について技術や知識を身につけることも大切だが、まずは保育について理解を深めようとする態度や意欲をもってほしい。

・信頼される社会人になれるよう、マナーや礼儀を身につけてほしい。

　これらは実習における心構えを考えるうえで、ぜひ大切にしていきましょう。

②**実習中における実習生の立場から**

　養成校で勉強している限りは「**学生**」ですが、保育実習、教育実習中は「**実習生**」と呼ばれ、教職員に準じるような立場として実習に臨むことになります。養成校の授業のなかで単位を落とすことは、自身の不利益にしかなりませんが、実習においては努力を怠ったり、責任のない行動をとった場合、実習先がこれまで得てきた保護者や地域への信頼、ひいては子ども自身にまで不利益が生じることがあります。実習には、情熱をもち、真摯に臨み、責任をもって行動することが求められます。

　また、実習が**保育ボランティア**などと異なる部分として、以下の点があげられます。

・**基本的に実習生への指導がなされること**：ボランティアでは、それほど熱心に指導されることはないかもしれません。また、職場の同僚同士であっても、協働のなかでお互いに学び合うことは多々ありますが、実習生に行うような指導がなされることはあまりありません。職場の同僚ではない実習生には、指導を受ける者としての態度が求められます。

・**最終的に評価が行われること**：ボランティアでは、活動状況を最終的に評価されることはありません。しかし、実習では最終的に**実習先からも単位認定のための評価**が行われます。

　このように、実習先の先生方も、ふだんの人間関係のなかではあまり行わないような「指導・評価」を実習生にはすることになります。指導を受ける側は、指導する者が実習生に対して担っている役割も理解したうえで、実習に臨んでほしいと思います。

③**専門職である保育者をめざす実習生の立場から**

　先に述べた、保育者が実習で学生に身につけてほしいことでは「子ども理解」の大切さがあげられましたが、専門職をめざす以上、実習であっても子どもへの実際の対応は非常に大切です。保育の場が「**子どもの最善の利益**」や「**子どもの人権**」に配慮された場であることを考えると、子どもへの無責任な言葉かけや行動は厳に慎まなければなりません。子どもに恥ずかしい思いをさせたり、子どもの気持ちを考えず、自分の思いを優先するようなことがないよう、子どもの人生への影響を自覚し

✚補足
保育ボランティア
保育の現場でのボランティアは、各養成校などでも募集されている。また、ボランティア以外に、正規職員とは別に保育資格をもたないパート勤務の保育職員がいることもある。

参照
実習先が実習生を評価する際の観点
→レッスン13、図表13-3

て関わりましょう。

　また、保育者は専門職として、**信用失墜行為の禁止、秘密保持義務（守秘義務）** を守らなければなりません。実習生であっても同様で、実習先によっては、秘密保持に関する誓約書への署名を求められることもあります。実習で知り得た子どもや保護者の情報は、自分の家族や友人など近しい間柄であっても、外部に漏らすことがないよう注意しましょう。

　以上の①から③を踏まえて、実習に臨む基本姿勢をまとめると、次の5点が大切です。

・子どもの理解に努め、子どもの最善の利益や人権に配慮して行動する。
・実習に前向きに、積極的に、情熱をもって取り組む。
・指導を受ける者として謙虚に学ぶ姿勢をもつ。
・社会人として自覚をもち、礼儀を重んじ、責任をもって行動する。
・健康に留意し、実習を最後まで全うする。

2　実習に臨む態度：具体的事項

　ここでは、実習に臨む基本姿勢を踏まえて、より具体的に実習に臨むうえで留意しなければならない事項を取り上げていきます。ここで取り上げる事項には、実際に事前の確認不足や不注意により、実習生が実習先から指導されたことがある内容も多く含まれています。一つひとつの事項がなぜ大切なのか、事前に自分なりに考えたり、何人かで同一の実習先で実習を行う場合には、メンバー全員で共通理解する機会をもつとよいでしょう。

①実習生としての基本的態度
・常に学ぶ姿勢をもち、積極的に行動する。
・あいさつ、言葉づかいはていねいに。園内で出会うすべての人に自分のほうからあいさつする。あいさつは作業の手を止め、語尾を伸ばさない。
・定められた実習時間は厳守し、時間前行動を心がける。無断で遅刻や欠席をせず、必ず事前に実習先へ連絡をする。
・実習記録などの提出物は、必ず指定された日時に提出する。提出できない場合は、実習開始前に報告する。

☑ **法令チェック**
「児童福祉法」第18条の21
保育士は、保育士の信用を傷つけるような行為をしてはならない。（信用失墜行為の禁止）

「児童福祉法」第18条の22
保育士は、正当な理由がなく、その業務に関して知り得た人の秘密を漏らしてはならない。保育士でなくなった後においても、同様とする。（秘密保持義務）

第1章　保育所・幼稚園・幼保連携型認定こども園での実習

・実習生同士の私語は慎み、必要以上に一緒にいない。
・子どもや保護者の情報を、通退勤時などに口外しない。また、ＳＮＳ（ソーシャル・ネットワーキング・サービス）に、実習で知り得た情報、写真、不適切な発言などを掲載しない。
・実習に専念するため、実習期間中のアルバイトやクラブ活動は行わない。
・交通手段は、実習先や養成校に報告した交通手段を必ず使用し、実習先の近辺まで知り合いに送ってもらうなどしない。
・朝食は自宅でとり、朝から外食はしない。
・保育中の姿勢や動作に気をつけ、壁にもたれかかったり、座る際に足を組むなどせず、よい姿勢を心がける。

②実習先の教職員に対する態度

・実習先の服務規程や業務上のきまりを理解し、それに従う。
・わからないことや困っていること、保育者の援助の意図などについて積極的に質問し、疑問に感じたことは謙虚な気持ちで尋ねる。
・指導は、素直な態度で受ける。
・教職員の指示には従い、必ず「ほう・れん・そう（報告・連絡・相談）」を心がける。
・実習中、使用したロッカーや部屋などは、きれいに清掃して戻す。
・子どもに不慮の事故でけがを負わせたり、適当でないと思われる関わりをしてしまった場合や、実習先の設備や備品を破損させた場合などは、ただちに実習先の職員に報告し、指示を受ける。また、引率教員など、所属する学校の担当者にも報告する。実習生自身が負傷した場合も保険対象のため、同様に報告を行う。
・設備や備品の使用の際は、事前に許可を得る。また、同じ場所に返却するとともに、使用量などの報告を行う。

③子どもへの態度

・子どもの名前はできるだけ早く覚える。
・常に子どもの気持ちを考え、子ども理解に努める。
・特定の子どもばかりと関わらず、どの子どもにも公平に接する。
・特に配慮が必要な子どもについては、指導担当者と十分話し合い、対応を誤らないようにする。
・不用意に子どもの言動を笑ったり、批判するなどして、子どもの尊厳や人権を傷つけないように注意する。
・安全に十分留意し、すべての子どもを見渡せる場所に立ったり、自分が子どもにけがをさせることがないよう、周囲の状況をよく確認して

参照
ほう・れん・そう
→レッスン5、66頁

レッスン1　実習とは

行動する。

・午睡の際、子どもと一緒に眠らない。

④**身だしなみ**

・出勤・退勤時の服装は、特に実習先から指示がない場合は、スーツや制服を着用する。

・実習時の服装は、エプロンの着用など実習先の方針に従う。また、動いたり、しゃがんだりした際、肌の露出のないものにする。

・指輪、ネックレス、ピアス（透明ピアス）などの装飾品は、自身または子どもを傷つける可能性があるため、身につけない。

・頭髪は長い場合は後ろで束ねたり、下を向いたときに垂れ下がらないよう束ねる。明るすぎる茶色など、毛染めは慎み、本来の髪色を心がける。ヘアーエクステンションなども使用しない。

・子どもを傷つけないよう、爪は短く切り、ネイルやマニキュアはしない。

・ナチュラルメイクを心がけ、つけまつげやカラーコンタクトなどは使用しない。においのきつい香水や整髪料も避ける。

・実習に関係のないものや、必要以上の現金や貴重品を持ち込まない。

・携帯電話は、電源を切り、実習中（休憩時間含む）は身につけない。

⑤**健康管理**

・実習前から規則正しい生活を心がけ、体調を整えておく。

・養成校等で行われる健康診断を必ず受け、もし異常などがあれば、治療および再検査を受けておく。

・持病がある場合は、事前に医師の診断を受け、実習可能か確認するとともに、必要に応じて実習担当の教員などに相談する。

5．実習に向けての手続き

　学外で行われる実習には、さまざまな事前準備や事後の手続きなどがあります。その詳細は養成校ごとに異なりますが、おおむね図表1-7のような流れになります。ここではまず事前の手続きとして、実際に実習先へ事前訪問を行うオリエンテーションについて、理解を深めていきましょう。

1　実習先でのオリエンテーション

　実習では、開始前に実習先を訪問し、オリエンテーションが行われます。事前に実習時に必要になるものや、実習スケジュール、**責任実習**に

参照
責任実習
→レッスン5、64頁

11

第1章　保育所・幼稚園・幼保連携型認定こども園での実習

図表 1-7 実習全体の流れと手続き

実習前	実習中	実習後
・養成校での事前指導、各種ガイダンス ・個人票、実習の目標などの提出書類の作成 ・実習先決定のための手続き ・実習先でのオリエンテーション（実習先へ必要書類を提出） ・健康診断書、細菌（検便）検査証明書などの準備	・日々の記録作成と提出 ・部分実習や責任実習の実施 ・実習協議の実施 ・訪問指導教員との面談	・記録を整理し、最終的なまとめをした実習記録を実習先に最終提出 ・お礼状の送付 ・実習先へ実習記録の受け取り ・実習記録などを養成校に提出 ・養成校での事後指導

ついて打ち合わせをします。また、実際に実習する保育所や園などを見学してその雰囲気や環境を知ることで、本番を迎えるまでに必要な準備がより明確になります。

2　オリエンテーションに向けた手続きと準備

実習の2か月から1か月前に、実習先に、オリエンテーション依頼の電話をかけます。

そのとき訪問の日程を決めますが、事前訪問で得た情報をもとに、実習本番まで事前準備ができるよう実習開始1か月前あたりに訪問できることが望ましいでしょう。同じ養成校の実習生が複数いる場合は、全員が訪問可能な日を事前に調整したうえで、代表者が連絡を行います。なお、電話でのアポイントの取り方、電話での話し方は、図表1-8を参考にしてください。ただし、文書を読み上げるのではなく、自分なりの言葉で話すよう心がけましょう。

事前訪問の日時が決まったら、オリエンテーションまでに以下のことを準備します。

・個人票、評価表、出勤簿など、オリエンテーション時に実習先に提出する書類
・実習記録（提出はしないが、どのような書式か実習先から尋ねられることがあるため持参する）
・実習先のホームページ等で事前の下調べを行うとともに、オリエンテーションで確認したい事項をメモなどにまとめる（次項参照）
・筆記具、メモ帳、上靴など持ち物の準備

3　オリエンテーションにおける確認事項

オリエンテーションは、実習に必要な準備やスケジュールなどの具体

✚補足

実習先への電話
実習先に電話をかける際は、保育の忙しい時間帯や保護者から電話連絡が入る時間帯（登降園の時間帯や昼食時）などは避ける。

レッスン1　実習とは

図表 1-8　事前訪問のための実習先への電話のかけ方の例

①学校名と氏名をはっきり伝え、担当者につないでもらう。

園側「はい、○○園です」

学生「お忙しいなか、失礼いたします。私は○○大学の○○学科○年の○○（自分の氏名）と申します（○○ほか○名でございます）。このたび、○月○日から実習に参らせていただくことになりました。本日は、事前訪問の日程についてお電話させていただいております。お忙しいところを誠に申し訳ありませんが、園長先生、もしくは、実習担当の先生をお願いいたします」

②担当者がでたら、もう一度、学校名、氏名を告げ、用件を述べる。

園側「はい、お電話かわりました、○○です」

学生「お忙しいところを誠に申し訳ありません。私は○○大学の○○学科○年の○○（氏名）と申します（○○ほか○名でございます）。このたび○月○日から実習に参らせていただくことになりました」

③事前訪問の日程を決める。

〈パターン1〉

学生「本日は、事前訪問の日程をおうかがいいたしたく、お電話させていただきました。つきましては、ご都合のよろしい日時をおうかがいさせていただきたいのですが」

園側「それでは、○月○日の○時ころでいかがでしょうか」

＊このとき、「あなたはいつが都合がいいの?」と尋ねられることもあります。したがって、試験などと日程が重ならないように慎重に考えて、2ないし3パターンほど予定を考えておきましょう。また、カレンダーがついている手帳など、予定がわかる資料、筆記用具などを必ず用意して電話をしましょう。

〈パターン2〉

学生「本日は、事前訪問の日程をおうかがいいたしたく、お電話させていただきました。つきましては、ご都合のよろしい日時をおうかがいさせていただきたいのですが」

園側「あなたのご都合のよい日はいつですか?」

学生「はい。○月○日の○時ころではいかがでしょうか」

園側「わかりました。その日は何も予定は入っていないので大丈夫です」

④訪問の日時が決まったら、復唱して確認する。

学生「ありがとうございます。それでは、○月○日の○時に、まいらせていただきますので、どうぞろしくお願いいたします」

＊聞き間違いなどがありますから、必ず復唱して確認しましょう。

⑤事前訪問の際の持ち物などについて尋ねる。

学生「当日、何か特別に準備するものなどがございますか」

＊当日、実習生が持参するものについて尋ねられることもあるので、学校で指示された持参書類などについて答えられるようにしておきましょう。おおよそ以下のものです。
　　個人票、実習関係書類（ガイダンス資料、出勤簿、評価表）、実習記録

＊細菌（検便）検査結果と健康診断書について尋ねられたら、「実習初日に提出いたします」と伝えます。

⑥必ずお礼を述べてから電話を切る。

学生A「お忙しいところを失礼いたしました。どうもありがとうございました」

学生B「お忙しいところ、ご指導いただきありがとうございました。失礼いたします」

13

第1章　保育所・幼稚園・幼保連携型認定こども園での実習

◆補足

オリエンテーション

オリエンテーションは、すでに実習の一部である。そのため、園を訪問する際は、前述の「実習に臨む態度」を踏まえての訪問が求められる。

図表1-9　オリエンテーションで確認したい事項	
実習先の情報	・実習先の概要・沿革・保育方針や保育の特徴（可能であれば、保育所等のパンフレットなどをいただけるか確認する） ・施設、園舎、クラスの配置（実際に見学させていただけることもある） ・クラス構成（クラス数や子ども数） ・職員の構成（職員数、どのような職種の方が勤めているか）
実習全般の確認事項	・勤務規定（勤務時間や出退勤時刻のスケジュール） ・緊急時や気象警報発令時の出勤と連絡方法 ・更衣場所や荷物置き場 ・昼食（弁当持参か給食かなど。給食の場合の給食代と支払い期日） ・遠足や宿泊をともなう実習の実施、資料などをいただいた際の費用（金額や支払い期日の確認） ・実習中の服装（エプロン、名札、上靴、外履きなど。すでに準備したエプロンや名札などがあれば、持っていき確認していただく） ・通勤時の服装 ・通勤の交通手段 ・特別に必要なもの（夏季であれば着替え、水着、ビーチサンダル、ポーチなど） ・自身の実習目標（尋ねられることがある）、実習期間中の行事
配当クラス	・配当クラス（何歳児クラスで、何日間実習を行うか。希望を尋ねられることがあるので、複数の希望とその理由を考えておくようにしよう） ・配当クラスの障害やアレルギーなどで配慮を要する子どもの情報 ・行事の有無
実習記録	・毎日の記録提出について（誰にいつ提出すればよいか） ・記録作成時の注意点（実習先のオリジナルの記録用紙の有無、使用用語の注意点、誤字等の修正方法など） ・保育中のメモは可能か
部分実習・責任実習	・実施予定日と回数（実習先から、部分実習や責任実習が必要か尋ねられることがある。実習の段階を踏まえ、必要な実習を自ら希望するようにしよう） ・指導案の提出時期 ・計画するにあたって気をつけたほうがよいこと ・教材費や使用可能教材（実習先の備品や教材を使用できるか、自費購入かなど） ・園歌や日々歌っている歌や手遊びの情報（実習先が楽譜や資料を用意してくださっていることもある。当たり前のことと受け取らずに、資料代について確認しよう） ・全体の計画や月案、週案（クラスの計画に沿った実習ができるように、見せていただけるか確認しよう）

参照

部分実習・責任実習の確認事項

→レッスン10、図表10-1

14

レッスン1　実習とは

的な打ち合わせや、実習先の方針や保育の特色などについて実習先への理解を深めたり、実習先の環境について知り、責任実習などの事前準備に必要なイメージを把握するためにも重要な機会となります。具体的に確認したいこととしては図表1-9の事項があげられます。

4 オリエンテーション後から実習まで

　オリエンテーションで得られた情報をもとに、実習までに事前準備を行います。そうした準備は、実習に対する意識変化や、不安の軽減にも役立ち、より充実した実習につながっていきます。

　たとえば、次のような準備の内容があります。

・実習本番までに、配当クラスの年齢に適した遊びや、発達特徴の理解、絵本の読み聞かせやピアノ練習など、理解や練習が必要なことに取り組む。

・オリエンテーションでいただいた資料をファイリングしたり、実習記録に整理する。

・実習中のスケジュールや内容などを、訪問指導教員に報告し、訪問指導教員と実習先の情報を共有する（訪問日の調整のうえでも重要な情報となる）。

・健康診断書や**細菌（検便）検査証明書**、さらに実習先から求められている場合は抗体検査証明書や守秘義務に関する誓約書などの必要書類の準備をする。

◆補足

細菌（検便）検査証明書
食事の配膳を行い、抵抗力の弱い乳幼児が生活する保育の場では、衛生管理が重要である。そのため、赤痢菌、サルモネラ属菌（パラチフスA菌、腸チフス菌を含む）、腸管出血性大腸菌O157などの腸内細菌検査において、陽性ではないことを証明する書類の提出が求められる。陽性の場合、実習の延期や中止の措置がとられることがある。

演 習 課 題

①自身の所属する養成校の実習時期と、前後に行われる教科について整理し、図表1-5をモデルにして、所属する養成校の学びと実習の関連図を作成し、2年間あるいは4年間の学びのイメージをもちましょう。

②「子どもの最善の利益」や「子どもの人権」に配慮した実習を行うことができるよう、他教科での学びや、資料の検索を行い、実習中に具体的にどのようなことに留意すればよいかまとめましょう。

③保育者や実習生などの大人に起因する子どものけが・事故の事例（保育者が閉めた扉で子どもが指をはさむ、抱っこひもを使用する際の子どもの落下事故など）について調べ、どのような具体例があるかグループで発表し合いましょう。

レッスン**2**

保育士になること（保育所実習）

保育を学んでいる皆さんのなかには、「子どもが好き」という理由で保育士をめざしている人が多いのではないでしょうか。しかし、「子どもが好き」なだけでは保育士にはなれません。その思いをもとに、さまざまな学習と、実習での経験を積み上げていくことが必要です。

1．保育士になるために

1 保育士資格の取得

　保育士資格は、「児童福祉法」の改正により、2003（平成15）年11月から国家資格となり、都道府県知事より保育士登録証を交付された人だけが「保育士」と名乗ることができます。また、「児童福祉法」第18条の４において、保育士とは、「保育士の名称を用いて、専門的知識及び技術をもって、児童の保育及び児童の保護者に対する保育に関する指導を行うことを業とする者をいう」と定められています。

　保育士資格取得のためには、国家試験である保育士試験に合格する方法と、保育士養成校などで所定の必要な単位を取得する方法の２通りがあります。

　保育士試験は、一般社団法人**全国保育士養成協議会***が、全国都道府県の保育士試験指定機関として全国的な規模で全面実施しています。受験資格として、短期大学卒業程度が必要です。保育士試験でも保育士養成校と同様の学習内容に関する科目が筆記試験として行われ、**保育原理や保育の心理学など８科目**があります。実技試験は、音楽・絵画製作・言語などの各分野から選択することができます。

　一方、保育士養成校で所定の単位を取得し、保育士資格を取得する方法があります。保育士養成校とは、厚生労働大臣指定の保育士資格を取得することのできる大学・短期大学・専門学校等のことをいいます。現行の保育士資格では、幼稚園教諭免許のように四年制大学の一種免許と、二年制短期大学の二種免許のように区別されていません。入学したあと、定められた年数の間在籍することにより、所定の単位（現行では、68単位）を修めれば、卒業と同時に保育士となる資格を有することができます。また、卒業後であっても、卒業した養成校や他の養成機関で不足

☑ 法令チェック
「児童福祉法」第18条の４

✳ 用語解説
全国保育士養成協議会
"より質の高い保育士の養成"をめざし、保育士試験を行ったり、保育士養成校の教職員等の参加による調査・研究、研修会の開催などを行っている。

◆ 補足
保育士試験筆記試験８科目と、筆記試験合格後に行われる実技試験
〈筆記試験〉
・保育原理
・教育原理および社会的養護
・児童家庭福祉
・社会福祉
・保育の心理学
・子どもの保健
・子どもの食と栄養
・保育実習理論
〈実技試験（２分野選択）〉
・音楽表現に関する技術
・造形表現に関する技術
・言語表現に関する技術

レッスン2　保育士になること（保育所実習）

図表 2-1 保育士養成課程における必修科目と選択必修科目

必修科目

系列	科目	授業形態	単位数
保育の本質・目的に関する科目	保育原理	講義	2
	教育原理	講義	2
	児童家庭福祉	講義	2
	社会福祉	講義	2
	相談援助	演習	1
	社会的養護	講義	2
	保育者論	講義	2
保育の対象の理解に関する科目	保育の心理学Ⅰ	講義	2
	保育の心理学Ⅱ	演習	1
	子どもの保健Ⅰ	講義	4
	子どもの保健Ⅱ	演習	1
	子どもの食と栄養	演習	2
	家庭支援論	講義	2
保育の内容・方法に関する科目	保育課程論	講義	2
	保育内容総論	演習	1
	保育内容演習	演習	5
	乳児保育	演習	2
	障害児保育	演習	2
	社会的養護内容	演習	1
	保育相談支援	演習	1
保育の表現技術	保育の表現技術	演習	4
保育実習	保育実習Ⅰ	実習	4
	保育実習指導Ⅰ	演習	2
総合演習	保育実践演習	演習	2

選択必修科目

系列	科目	授業形態	単位数
保育の本質・目的に関する科目	保育士養成校において設定		
保育の対象の理解に関する科目	保育士養成校において設定		
保育の内容・方法に関する科目	保育士養成校において設定		
保育の表現技術	保育士養成校において設定		
保育実習	保育実習Ⅱまたは保育実習Ⅲ	実習	2
	保育実習指導Ⅱまたは保育実習指導Ⅲ	演習	1

出典：厚生労働省雇用均等・児童家庭局長通知「指定保育士養成施設の指定及び運営の基準について」2017年
（より実践力のある保育士の養成をめざし、2019（平成31）年度より変更となる予定。）

の単位を取得し認められれば、保育士資格の取得が可能です。

　養成校の保育士養成課程では、**保育の本質・目的、保育の対象の理解、保育の内容や方法に関する科目（図表2-1）と、保育の表現技術、総合演習などについて学習**し、保育現場で実地に学習する保育実習（図表2-2）も行います。

第1章　保育所・幼稚園・幼保連携型認定こども園での実習

図表 2-2 保育実習の単位および履修方法

実習種別	保育実習I	保育実習II	保育実習III
履修方法	4単位　20日	2単位　10日	2単位　10日
実習施設	(A) 保育所、幼保連携型認定こども園など 乳児院、母子生活支援施設、障害児入所施設、児童発達支援センター、障害者支援施設、児童養護施設など	(B) 保育所、幼保連携型認定こども園など	(C) 児童厚生施設、児童発達支援センターなど ((B) 以外)

2　保育実習

　保育実習は、保育所や施設に10〜20日間、実際に保育者の一員となり、体験することをいいます。保育士という職業の仕事を体験することで、子どもについての知識や理解を深めていくことができます。

　保育士養成施設における保育実習は、必修科目である保育実習I（4単位）と保育実習指導I（2単位）、選択必修科目である保育実習IIもしくは保育実習III（ともに2単位）と、保育実習指導IIか保育実習指導III（ともに1単位）の履修が「**保育実習実施基準**」で定められています。

　保育実習Iでは、保育所・幼保連携型認定こども園あるいは小規模保育A・B型や事業所内保育事業における実習10日間と、保育所等を除いた施設における実習10日間を行います。施設実習は保育所・幼稚園での実習に比べて対象児童が多様です。養護問題、保育問題、心身障害問題、非行問題など、児童のあらゆる問題が保育対象となります。

　保育実習に保育所以外の施設での実習が組み入れられているのは、保育士は保育所だけでなく、同じ通所型の児童発達支援センターや入所型の乳児院、児童養護施設などで働くことができる福祉の専門職であり、多様な問題に対応できる保育士の育成を図るためです。施設では宿泊しながら実習を行う場合もありますが、不慣れな環境に適応しなければならない不安感などから、多くのエネルギーを必要とします。また、職員の勤務シフトが多様で、特定の指導者から実習の指導を受けることが難しい場合が少なくないので、より積極的な姿勢が求められます。

　保育実習IIと保育実習IIIは選択必修科目になっており、それぞれ実習可能な施設で10日間実習を行います。

　保育実習Iでは、次の5項目が目標となっています[1]。

◆補足

保育実習実施基準
厚生労働省雇用均等・児童家庭局長通知「指定保育士養成施設の指定及び運営の基準について」2015年のなかに定められており、保育実習の目的、履修の方法などが記されている。

▶出典

†1　厚生労働省雇用均等・児童家庭局長通知「指定保育士養成施設の指定及び運営の基準について」2015年

レッスン2　保育士になること（保育所実習）

> 1．保育所、児童福祉施設等の役割や機能を具体的に理解する。
> 2．観察や子どもとのかかわりを通して子どもへの理解を深める。
> 3．既習の教科の内容を踏まえ、子どもの保育及び保護者への支援について総合的に学ぶ。
> 4．保育の計画、観察、記録及び自己評価等について具体的に理解する。
> 5．保育士の業務内容や職業倫理について具体的に学ぶ。

　保育実習Ⅰは、保育士になるために必要な知識や技能を養う機会です。特に保育士の具体的な業務内容や役割については、見学や実習を通じてはじめて理解できます。これらの目標を意識しながら、意欲的に実習に取り組んでいきましょう。

　また、保育実習Ⅱの目標は以下のようになっています[†2]。

▶出典
†2　†1と同じ。

> 1．保育所の役割や機能について具体的な**実践**を通して理解を深める。
> 2．子どもの観察や関わりの視点を明確にすることを通して保育の理解を深める。
> 3．既習の教科や保育実習Ⅰの経験を踏まえ、子どもの保育及び保護者支援について総合的に学ぶ。
> 4．**保育の計画**、実践、観察、記録及び自己評価等について実際に取り組み、理解を深める。
> 5．保育士の業務内容や職業倫理について**具体的な実践に結びつけて理解**する。
> 6．**保育士としての自己の課題を明確化する。**

　保育実習Ⅱでは、保育実習Ⅰでの経験を生かし、観察よりも具体的な実践に重点が置かれます。保育の計画立案から実践までを行い、反省を行うことで自己の課題を見いだしていきましょう。

19

第1章　保育所・幼稚園・幼保連携型認定こども園での実習

2．保育所の役割と機能

1　保育所の役割について

　実習に行く前に、保育所について、どのような特性や役割をもつ施設であるのか知っておくことが大切です。

　保育所は乳児から就学前の子どもの保育の場ですが、一人ひとりの発達や個性の違う子どもたちに安定した生活を保障するために何をもとに保育をすすめていくのか、どんな子どもが来ているのかなど、保育所の機能や規定について詳しく説明していきます（図表2-3）。

　就学前の子どもの保育の場には、幼稚園と保育所、その両方の機能をもつ幼保連携型認定こども園があります。それぞれ規定する法律が異なります。保育所は「児童福祉法」、幼稚園は「教育基本法」、認定こども園は「認定こども園法」で規定されています。しかし、いずれも、集団生活において、子どもの心身の健全な成長・発達、人間形成と、道徳性や協調性への興味・関心を促すことなどが大きな役割といえます。

　保育所は、「児童福祉法」の規定に基づいて設置される児童福祉施設の一つで、厚生労働省が管轄官庁です。小学校就学前の乳幼児を、保護者の委託を受けて保育することを目的としています。

　保育所における保育内容については、厚生労働大臣告示の「保育所保育指針」によって行っています。2008（平成20）年の告示化により、「保育所保育指針」の内容は、法的拘束力をもつようになりました。「保育所保育指針」第1章「総則」のなかに保育所の役割として、以下のように書かれています。

> **「保育所保育指針」第1章「総則」1「保育所保育に関する基本原則」（1）**
> **「保育所の役割」**
> イ　保育所は、その目的を達成するために、保育に関する専門性を有する職員が、家庭との緊密な連携の下に、子どもの状況や発達過程を踏まえ、保育所における環境を通して、養護及び教育を一体的に行うことを特性としている。

　「養護」とは子どもの生命の保持と情緒の安定であり、「教育」とは健康、人間関係、環境、言葉、表現の5領域を指します。保育所では保育士が、子ども一人ひとりの生命を守り、情緒の安定を図りながら、遊びや生活

◆補足
保育所
一般的には「保育園」と呼ばれることが多いが、正式名称は保育所である。

◆補足
「認定こども園法」
法律の正式名は「就学前の子どもに関する教育、保育等の総合的な提供の推進に関する法律」

図表 2-3 保育所の概要

施設名	保育所
管轄省庁	厚生労働省
根拠法令	「児童福祉法」第39条「保育所は、保育を必要とする乳児・幼児を日々保護者の下から通わせて保育を行うことを目的とする施設（利用定員が20人以上であるものに限り、幼保連携型認定こども園を除く。）とする」
保育内容など	「児童福祉施設の設備及び運営に関する基準」 「保育所保育指針」
目的	保護者の委託を受けて保育を必要とする乳児または幼児を保育する
対象児	乳児から小学校就学までの幼児
入所方法と保育料	主に保護者が保育所のある市区町村に申し込み、保育を必要とする認定を受け、それぞれの規定に従って入所契約をする。保育料は世帯の前年度の所得の課税率によって決定される。
保育時間および子育て支援など	原則として8時間程度。開所時間はそれぞれの保育所の実情に応じており、長時間保育、休日保育、病児・病後児保育などが実施されている。地域の子育て家庭に対する子育て相談、一時保育、体験保育などのさまざまな保育事業が展開されている。
担当（保育者の必要資格）	保育士資格証明書

をとおして成長発達にふさわしいさまざまな経験を積み重ねられるようにしていくことが大切です。

　また、保育所としての特性として、3歳未満児の乳幼児の保育を行っていることがあります。3歳未満児の保育は、3歳児以降の幼児の保育とは異なると考え、「保育所保育指針」のなかでも、乳児と3歳未満児についての配慮事項は、3歳以上児の配慮事項とは別に示されています。言葉や行動が発達している3歳以上児とは違い、乳児への授乳やおむつ替えといったことも保育に含まれます。子ども1人に対する直接的な援助は3歳以上児よりも多く求められます。大事な命をあずかるという意識をもち、身体、機嫌、食事、睡眠、排泄、衛生など、一人ひとりの状況に応じた保育が必須となります。子どもが安定して生活できるような環境を整え、成長発達に即した保育を行っていかなければなりません。

　また、乳幼児期は、心身の発達・発育が著しく、生きる力の基礎が培われる大切な時期です。一人ひとりの健やかな育ちを保障するためには、保育者は発達の特性や個人差を理解しなければなりません。子どもが自ら活動を選択できるように、保育者は子どもの保育環境を整えていくことが求められます。環境には「人的環境」と「物的環境」があります。保育者自身が、子どもにとってのよりよい人的環境となるように心がけなければいけません。保育者は一人ひとりの子どもの健やかな育ちを願い、発達過程を理解して援助し、子どもが豊かな心情・意欲・態度を身

につけ、新たな能力を獲得できるようにしていく必要があります。

2 保育所にいる子どもたち

「児童福祉法」第39条には、「保育所は、保育を必要とする乳児・幼児を日々保護者の下から通わせて保育を行うことを目的とする施設（利用定員が20人以上であるものに限り、幼保連携型認定こども園を除く。）とする」とあります。

「子ども・子育て支援法施行規則」第1条では、「児童福祉法」にある「保育を必要とする乳児・幼児」を次のように規定しています。

---

①保護者の就労
②保護者が妊娠中、または出産後間がないこと
③保護者の疾病、負傷、障害
④保護者が同居または長期入院等している親族を介護・看護していること
⑤保護者が災害復旧などにあたっていること
⑥保護者が求職活動・起業準備を継続的に行っていること
⑦保護者が就学している、あるいは職業訓練校等における職業訓練を受けていること
⑧保護者に児童虐待やＤＶのおそれが認められること
⑨保護者が育児休業取得時に、すでに保育を利用している子どももがいて継続利用が必要であること
⑩その他、上記に類する状態として市町村が認める場合

保育所への入所は、まず各市町村へ保護者が勤務証明書など保育を必要とすることを証明する書類などを提出し、各市町村の担当部署が保育所入所の決定をします。入所を希望する保育所は保護者が決めますが、待機児童などの関係で、必ずしも第一希望の保育所に入所できるとは限りません。また、保育所における**保育時間**は1日8時間を原則としていますが、開所の時間や日数を長くとり、休日や夜間の保育などを実施する保育所もあります。

保育士は子ども一人ひとりのさまざまな家庭環境や状況などに寄り添いながら、安心して生活できるように子どもたちに関わっています。

✦補足
保育時間
延長保育の時間を入れると11時間となる。

3. なぜ実習が必要か？

　保育士は、0歳からの子どもの生命を守り、保護者の子育てを支えながら子どもの健やかな育ちを援助する、専門性の高い、非常に重要な仕事です。保育の専門職になるためには、子どもがふだん過ごしている場でともに生活をしていくなかで、自分自身で学んでいく必要があります。

1　実習の目的と意義

　保育所実習の目的は、「保育実習は、その習得した教科全体の知識、技能を基礎とし、これらを総合的に実践する応用能力を養うため、児童に対する理解を通じて保育の理論と実践の関係について習熟させること」[3]とされています。

　保育士養成カリキュラムについては、すでに図表2-1で示しましたが、「保育の本質・目的に関する科目」「保育の対象の理解に関する科目」「保育の内容・方法に関する科目」、そして基礎技能や「総合演習」の講義・演習は、養成校の教室・施設などで学習できます。しかし、「保育実習」は、子どもたちが生活する場で、直接的な関わりをとおして学習するのです。実際の保育の現場での体験的学習によって、はじめて保育の理論と実践が統合し、保育についての理解が可能になるのです。

▶ **出典**
[3]　[1]と同じ。

2　実習で学習する内容

　実習は、養成校での講義や演習で学んだ理論や実技を総合的に実践する応用力を養い、身につけた知識をより確かなものにしていく学習です。実習によってどのようなことを学習したらよいか、少し具体的に考えてみましょう。

①実習施設の内容や機能を体験し、理解する

　実習では、まず一日の生活をとおして「保育者がどのように子どもに接し、話しかけているのか」、また「毎日決まって行われている保育活動は何か」などを観察します。そして、どのような活動計画があり、その日の保育が行われているのか理解していきましょう。

②子どもとの関わりをとおして、子ども理解を深める

　「子どもを理解する」ためには、講義を聞いただけでは実際にはわからないことも多くあります。子どもの自主的な活動を大切にしながら子どもの関心や興味、発達の状態を知ることは、実習の大きな目的の一つです。年齢による発達の違いや、同じ年齢でも発達には個人差があるこ

第1章　保育所・幼稚園・幼保連携型認定こども園での実習

とや、障害児への援助の仕方など、実際に子どもと関わらないとわかりません。実習の機会に、多くの子どもと接するように心がけましょう。

③保育者の職務および役割を現場で体験して理解する

日々成長していく子どもたちに関わる保育者には、子どもの健やかな発達と、人間形成を担う重要な職務があります。その重要性や専門的職業人として働くことの意義を、保育の現場に参加することで少しずつでも理解できるよう意識的に努力しましょう。また、実習生自身が補助的な立場に立つことによって、他の職員とのチームワークについても学ぶことは多いはずです。自分にできることは何かを考え、探して行動してみましょう。

④実習先の保育所や園の保育計画や年間・月間指導計画などを知り、そこの保育目標や方針を知る

実習前には必ず「保育所保育指針」「幼稚園教育要領」「幼保連携型認定こども園教育・保育要領」「児童福祉法」「学校教育法」などに目をとおしておき、実習先の理念・保育目標・方針について事前に考えてみましょう。保育所や園の保育計画や教育課程、年間・月間指導計画、週・日案やデイリープログラムには、その保育所や園の保育目標・方針が反映されているはずです。部分実習や責任実習の指導案を考えるときにも参考になるので、可能なら園長先生や指導担当の先生に伝え、見せていただきましょう。

3　実習の4つの段階

実習には、大きく分けて4つの段階があります（見学・観察実習、参加実習、部分実習、責任実習）。図表2-4に、それぞれの実習段階で学ぶべき内容のポイントを示しました。事前にどの実習段階で何を学ぶのか理解し、有意義な実習になるようにしましょう。

ここでは、実際に実習に行った学生がどのようなことを学んだのか、聞いてみましょう。実習はうまくいくことばかりではありません。失敗したことや自分自身の振り返りから学べることもたくさんあります。

インシデント①：観察のポイント

はじめて実習に行きました。観察実習のときに、環境構成をしっかりと見ておけばよかったと反省しました。保育者と子どもたちとのやりとりは十分に意識してみていたのに、毎日生活する保育室のどこに何があるのか把握できずにいました。

レッスン2　保育士になること（保育所実習）

図表2-4　保育実習Ⅰと保育実習Ⅱの段階

Ⅰ	Ⅱ	実習形式	学習するポイント
↑↓		見学・観察実習	はじめての実習は、見るものすべて学びです。保育所での様子をしっかり観察することを中心に行います。具体的には子ども一人ひとりの発達段階や生活環境の違いに気づいたり、保育者が子どもたちに行っている援助や言葉かけをとおし、子ども理解を深めていきましょう。
	↑	参加実習	保育室で保育士と同じように子どもたちに関わります。目の前でけんかが始まったら止めに入るのか見守るのか、何かトラブルが起こったときにどのように対応するのか、さまざまな場面の観察を生かし、実際に保育に参加していきます。自分の想像していた子どものイメージと実際に子どもに関わってみることでは違いもでてきます。
	↑↓	部分実習	保育の一部分を担って保育を行います。一人ひとりの発達やクラスの状況を把握し、それに基づいた保育内容を組み立て、指導案を作成します。その場に応じた声かけ、時間配分など、自分で判断してすすめることで保育の実際を学ぶことができるでしょう。
	↓	責任実習	養成校で学んだこと、実習で経験してきたことを生かし、担任保育士の代わりに、半日、一日の保育を行います。担当保育士と相談しながら指導案を作成し、準備を整えて臨みます。長い時間の保育を担当することで、保育の難しさと同時に楽しさを学べるといいですね。

参照

見学・観察実習
→レッスン5、57頁

参加実習
→レッスン5、64頁

部分実習
→レッスン5、62頁

責任実習
→レッスン5、64頁

観察実習では、子どもの様子を見たり、保育者の動きを見たりしながら、実践をとおして知識を手に入れていきます。しかしながら、環境構成にもしっかりと目を向けて、記録していくことが必要です。

保育時間の長い保育所では、遊び、食事、午睡のスペースが同じ部屋で行われるので、室内環境の変化があります。「なぜ、このスペースにベッドを並べるのだろう？」「食事はこのスペースで行っている」「全員では食事をせずに、まだ遊んでいる子どももいる」など、はじめての実習では疑問や気づきがたくさん浮かんでくるかと思います。それらを記録として書きとめ、保育者へ質問してみましょう。

インシデント②：子どもへの関わり方

担当型実習で、集団行動が難しい子どもへの声かけをするとき、どんな声かけが子どもに伝わるのかを考えるのが難しかったです。保育士の言葉かけをみていると、簡単そうに声をかけていました。しかし、同じように声をかけてもうまく伝わりませんでした。

補足

担当型実習
部分実習・責任実習をまとめて「担当型実習」ということもある。

実習中に気になる子どもへの援助で悩むことはあると思います。担任の保育士が声をかけるとすぐに行動できるのに、実習生の声かけではなかなか行動することができないこともよくあります。

担任と実習生との違いは何でしょうか。担任には、保育士としての経験があり、その子と生活してきた時間や、そのやりとりをとおしての信

25

第1章　保育所・幼稚園・幼保連携型認定こども園での実習

頼関係があります。実習生には、そういったものはありませんが、できないとあきらめずに、その子どもと保育者のやりとりをしっかり観察し、自分が実習期間中にできる方法で関わってみてください。

インシデント③：計画立案から保育実践へ

　設定保育をさせてもらいました。保育計画を立案し保育の準備を行うことが、考えていた以上に難しくて困りました。製作遊びをしましたが、先に出来上がった子どもへの配慮や、個別の援助が必要な子どもへの対応が足りなかったと振り返って思いました。

　部分実習や責任実習は、時間をもらって、計画した保育を行えるチャンスです。計画を立てることも、必要なものを準備することも、実践を行うことも、はじめてなので難しいのは当然です。

　計画を立てるときから、その活動を行う子どもたちの具体的な姿をイメージして、さまざまな予想を立ててみましょう。計画を立てるところから子どもたちの笑顔を想像し、楽しめるとよいでしょう。

インシデント④：実習を終えて

　年齢に応じて、どこまで援助が必要なのか、実習で子どもたちの姿を見てわかりました。学校の授業で聞いていたはずですが、実習当初は食事の援助や言葉かけにもとまどってしまいました。

　保育者になるには、学習と実習の結びつきが重要です。学校の授業で学んで身につけたことだけでは、実際に役に立つのかわかりません。「自分が身につけなくてはいけないのはどんなことか」をみつけることができるのが実習です。現場の保育士の子どもへの援助の仕方を観察したり、実際に子どもたちと関わってみてアドバイスを受けることで、勉強になることがたくさんあります。貴重な実習の場で、さまざまな経験を積んでいきましょう。

◆補足

設定保育
保育者がねらいをもって指導案を作成し、それに基づいて行う保育のこと。

演 習 課 題

①あなたは、なぜ、保育士になりたいと思ったのですか？　エピソードを含めて教えてください。

②あなたは、どんな保育士になりたいですか？　具体的に教えてくださ

レッスン2　保育士になること（保育所実習）

い。

③あなたは、今まで、乳幼児と触れ合ったことはありますか？　あれば、
何歳の子どもで、どんな様子だったか教えてください。

レッスン**3**

保育所実習の実際と注意事項

保育所での子どもたちはどのように一日を過ごしているのでしょうか。保育所では、産休明けの乳児から幼児まで幅広い年齢の子どもたちが生活しています。ここでは、一日のスケジュールや発達に焦点を当て、0・1・2歳児を中心に説明していきます。

1．0・1・2歳児の一日

1　0・1・2歳児の一日の流れ

　子どもたちが一日の8時間以上の長い時間を過ごす保育所では、養護の視点が重要になります。**食事や睡眠、排泄など基本的な生活習慣を軸**とした活動の流れがあり、くつろいだ雰囲気のなかで**養護と教育が一体的に行われる**よう配慮されています。

　3歳未満児と、3歳以上児で一日のプログラムが分けられ、さらに、生活リズムの異なる0・1歳児の日課を別に設定する園も多くあります。また、**異年齢保育***を行うところもあります。

　まず、図表3-1で、0・1・2歳児の保育所での一日をみてみましょう。

　ここで示した一日の流れは参考例です。子どもの基本的な生活の部分（食事・午睡）は、大きく変更になることはありませんが、0・1歳児の保育や特別な配慮を必要とする子どもの保育については、**個々の子どもの月齢・発達、生活リズム**などに合わせた流れになります。

　また、開所・閉所時間、各活動の時間や内容は、各保育所によって異なります。

　さらに、保育士の勤務にはローテーションがあります。勤務体制は各保育所によって異なっています。ここでは、2歳児15〜18名ほどの子どもを3名の保育士で**担当***している保育所で、早朝勤務（保育者A）、通常勤務（保育者B）、延長勤務（保育者C）のケースをみてみましょう（図表3-2）。

　たとえば午睡の時間には、保育士の仕事として、担当する子どもの連絡帳記入、個人記録記入、保育日誌記入などがあります。また、子どもの様子の確認、寝かしつけなどの見守りや清掃などは、役割分担を決めています。さらに、同じ時間帯に、ミーティングや引き継ぎ事項確認な

✳ 用語解説

異年齢保育
年齢ごとの保育ではなく、さまざまな年齢の子どもたちが同じ部屋で生活をともにする保育。年下の子どもは年上の子どもに憧れをもち、年上の子どもは自分の体験をもとに年下の子どもに優しく接したり、年上としての自覚をもって行動するようになる。

✳ 用語解説

担当制
年間を通じて決まった一人の保育士が担当となり、排泄・食事・睡眠などその子どもに関わることは必ずその保育士が行う保育。いつも世話をしてくれる保育者が決まっていることで、子どもの情緒を安定させることができる。

レッスン3　保育所実習の実際と注意事項

図表3-1　０・１・２歳児の保育所での一日

時間	０歳児	１・２歳児
7:00〜	早朝保育 順次登園 遊び	早朝保育 順次登園 自由遊び
9:00〜		集まり
	おむつ替え 授乳、検温	おむつ替え、排泄 水分補給、おやつ
10:00〜	遊び、散歩 睡眠	クラスでの活動（園庭遊び等）
11:00〜	授乳、離乳食 おむつ替え	順次給食（準備〜片づけ） おむつ替え、排泄
12:00〜	午睡	午睡
14:20〜	起床 おむつ替え	起床 おむつ替え、排泄
14:30〜	授乳、離乳食	おやつ
15:00〜	遊び	集まり 好きな遊び
16:00〜	おむつ替え 順次降園	順次降園
18:00〜	時間外保育（延長保育）	時間外保育（延長保育）
19:00〜	降園完了	降園完了

＊授乳や離乳食・食事、排泄やおむつ交換、睡眠は、一人ひとりの月齢や発達、生活リズムに応じて適時行われる。

どの業務も入ってきます。

　3歳未満児の保育は、**複数担任***で行われるので、保育士の動きをよく見ておきましょう。

インシデント①：実習で心がけたこと

　次の活動を考えて、行動することができたと思う。給食前に机を並べて、テーブルクロスを敷き、お手拭きを用意したり、午睡前にベッドを並べて、カーテンを少し閉め部屋を若干暗くしたりなど、自分でできる部分は前もって行動するように心がけた。

　このケースでは、よく気がつく実習生として褒められたようです。保育所での一日の流れをよく観察し、次の活動の準備をしたり、環境を整えたり、子どもたちにわかりやすいように説明できることはとてもよいことです。

　しかし、それぞれの子どもの食事をする順番や寝る位置などにも、い

✳ 用語解説

複数担任
1つのクラスを複数の保育者で受け持つこと。国が定めた保育士の配置基準は、0歳児おおむね3人に保育士1人、1歳児おおむね6人に保育士1人となっている。したがって、3歳未満児のクラスでは、複数の保育士で保育が行われている。保育実習では、各保育士の子どもへの関わり方の役割分担や、保育士同士の連携のとり方なども見ていこう。

29

ろいろな意味がある場合もありますので、はじめて行うときには「～してもいいですか？」と担当の保育士に尋ねるようにしましょう。

2　一日の流れのポイント

ここからは、保育の一日の流れを少し詳しく見ていきましょう。

①登園、受け入れ

子どもたちは、保護者に連れられて登園してきます。保育士は、子どもにも、保護者にも笑顔で元気よくあいさつをし、同時に子どもの健康状態や機嫌、清潔などの状況を観察します。気づいたことがあれば保護者と話したり、家庭での様子を聞いたりします。また、保護者が朝の体温、排便情況、降園時間などをチェックリストに記入します。

これらをとおして保育士は、保護者が安心して子どもをあずけられるように、子どもと関わります。

②遊び

子どもの活動は、生活と遊びに分けられます。年齢が幼ければ幼いほ

図表 3-2 ある日の日課と保育者の動き（2歳児クラス）

時間	日課	保育者A	保育者B	保育者C
7:00	早朝保育	勤務開始		
8:15	順次登園	環境整備	勤務開始	
	持ち物片づけ			
	自由遊び	遊び	遊び	
9:00	室内遊び	おやつ	室内遊び	
	おやつ	室内遊び	おやつ	
		片づけ	片づけ	勤務開始
10:00	外遊び	外遊び	外遊び	外遊び
		片づけ・給食準備	外遊び	外遊び
11:00	順次給食	給食	給食準備	片づけ
	排泄	排泄	給食	給食・排泄・午睡
12:00	**午睡**	午睡準備（全員分）	排泄・午睡へ	
		午睡を見守りながら、寝かしつけ、個人記録記入、連絡帳記入。引き継ぎ事項確認、ミーティング、室内清掃、室内環境修正などを行う。		
14:20	起床・排泄	おやつ準備	起床	排泄
14:30	おやつ	おやつ	清掃	見守り
15:00	集まり	集まり	清掃	集まり補助
15:30		保護者へ受け渡し	清掃など	保護者へ受け渡し
16:00	順次降園	勤務終了	戸外遊び	戸外遊び
16:45			環境整備	室内遊び
17:00	時間外保育		勤務終了	室内遊び
18:00	延長保育			延長保育
19:00	全員降園			勤務終了

◆ 補足
保育士の休憩時間
保育士は午睡や清掃の時間などにフリーの保育士と交代し、休憩時間をとる。

ど、生活に関わる場面が多くありますが、遊びも重要です。それぞれの年齢に合った好きな遊びが展開できるように玩具を用意したり（写真1）、保育室の環境を整えていく必要があります。

遊んでいる姿から、子ども一人ひとりの興味・関心や友だちとのやりとりを観察し、援助の仕方や対応を考え、次の遊びへつなげていけるようにしていきます。

③おむつ替え・排泄

おむつ替えは、「おしっこ、いっぱいでたね」「おむつ換えてきれいになったね」などと声をかけながら、ていねいにすばやく行います。

おむつを外すころの月齢になったら、子どものおしっこのサインを見て「おしっこ出る？」などと尋ねてトイレに誘ったり、決まった時間に子どもをトイレに誘ったりしながら、おしっこがでたときは一緒に喜び、心地よさを引き出します（写真2）。

> **インシデント②：おむつ替え**
> 学校では人形の赤ちゃんでおむつ替えの練習をしましたが、実際にはじめて目の前の1歳児の子どものおむつを交換するときには、とても緊張しました。おむつを脱がすことや履かすことを意識するあまり、担当の先生のような声かけができませんでした。もっと小さい赤ちゃんや、うんちのおむつ替えだったら、どうなるのか不安になりました。

実習生があまり緊張していると、子どもはおむつ替えが怖いことなのかと思ってしまいます。はじめてで緊張するとは思いますが、できるだけ笑顔で「おしっこがでてたね」「すっきりしたね」などと声をかけ、トイレットペーパーやお尻拭きシートなどを使って、きれいにしてあげてください。

写真1

指先を使って、ねらいを定めて……

写真2

「きれいになったよ」「きもちいいね」

④おやつ・授乳・離乳食・食事

　食事は、子どもの心身を育てる大切な要素です。

　3歳未満児には、午前と午後のおやつも含めて、バランスのとれた献立が立てられています。乳幼児期は味覚の育つ重要な時期なので、子どもの月齢、年齢に合わせて、離乳食の段階を考慮したり、食べ物の大きさや食材を生かした味付けをするなど、調理の工夫を行っています。どのような工夫がされているか、観察してみましょう。

　また、落ち着いた楽しい雰囲気のなかで食事ができる環境を整え、食事のマナーなど、基本的な食習慣が身につくよう保育者の援助や配慮が必要です（写真3）。

インシデント③：保育室の衛生について
　実習初日、食事後に食事のテーブルを拭いたり、食べこぼしを拾い集めたりなど、掃除をしました。きれいに掃除したつもりだったのですが、お昼寝から起きてきた子どもが、椅子についていたご飯粒を食べてしまいそうになりました。担当の先生がみつけてくれ、口には入れませんでしたが、ヒヤリとしました。

　3歳未満児の保育室は特に清潔を保つ必要があります。保育室の片づけや掃除にも十分な配慮が必要です。誤って口にしてしまうものがないか、食べこぼしが落ちていないかなど、ていねいに確認しながら掃除をしましょう。四角い部屋を丸く掃除せず、隅のほうまで意識しましょう。

⑤午睡

　睡眠は健康な生活を維持するための重要な要素です。特に乳幼児期には、睡眠と食事の時間を整えることで生活リズムができ、より積極的に活動するようになります。午睡は、落ち着いた雰囲気のなかで十分睡眠がとれるように環境を整え（明るさ、室温、風通しなど）、一人ひとり

写真3

食事のマナーもわかってきました。

写真4

午睡できる、心地よい空間に。

のペースや状態に配慮しながら行います（写真4）。

⑥順次降園、延長保育

　保護者が迎えにきたら、子どもの服装や身だしなみをチェックして、保護者に今日の出来事や連絡事項、子どもの様子などを伝えます。子どもへも、明日への期待をもてるような言葉かけをして見送りましょう。

　延長保育はくつろいだ家庭的な雰囲気を大切にし、子どもの様子を見ながらスキンシップがとれる遊びや子どもが好きな玩具などで、落ち着いて遊べるように配慮していきます。

2．0・1・2歳児の発達の特徴

　実習中に子どもと関わるうえで、発達過程による特徴を理解することはとても大切です。子どもの発達は個人差が大きいことや、一人ひとりの置かれた環境や経験の違いが大きく影響することを念頭に置き、月齢や年齢での大まかな基本的発達の特徴を押さえ、実習に臨みましょう。

1　おおむね6か月未満

　睡眠中には、**乳幼児突然死症候群（SIDS）** を防ぐため、うつぶせ寝に注意し、定期的な観察（呼吸、顔色、姿勢、発汗など）を行います。
　子どもは、泣く、笑うなどの表現や身体の動きで、空腹や清潔にしてほしいなどの欲求を表現してきます。保育者は子どもの姿に応答しなが

◆ 補足

乳幼児突然死症候群（SIDS）
予兆や既往歴がなく、睡眠中に突然死亡する病気。原因や予防法は確定されていないが、厚生労働省はホームページで、「1歳になるまでは、寝かせる時はあおむけに寝かせましょう」「できるだけ母乳で育てましょう」「たばこをやめましょう」としている。

図表 3-3　おおむね6か月未満の発達の特徴

生理的機能と注意	・出生児の体重およそ3000g、身長およそ50cmで、原始反射が活発 ・4か月ごろになると、体重およそ6kg、身長およそ60cmになり、原始反射が消え始める
粗大運動	・首がすわる⇒寝がえりを打つ（写真6） ・支えて立たせると足をつっぱる（グライダーポーズ）
微細運動	・手のひらが開いてくる⇒手をじっと見る⇒見えるものに手を伸ばす、手を口にもっていく（写真5）⇒触れたものを握る⇒手のひら全体で握る
認識・言語	・クーイング（機嫌のよいときに声をだす）⇒喃語 ・音がすると動きが止まる⇒人の声と物音を聞き分ける⇒意識的に音のするほうに目を向ける
自我・情緒	・人の顔や物をじっと見る⇒あやされて笑う⇒よく話しかける人に反応する、身近な人を見分ける
生活	・母乳または粉乳を抱かれて飲む（3時間ごと⇒4時間ごと） ・日中目覚めている時間が長くなる⇒夜よく眠るようになる
遊び	・視覚、聴覚、触覚で楽しむおもちゃ（モビール、ラトル、ボール、ぬいぐるみなど） ・あやされて喜ぶ

ら、愛着関係が形成されていきます。授乳時にも、「おいしいね」「たくさん飲んでるね」などの声かけをしましょう（図表3-3）。

インシデント④：あれ？　熱い？
　7月の実習で、0歳児の部屋に入りました。子どもを抱っこしているのですが、泣いてしまいます。抱っこのしかたが悪いのかと思い、いろんな姿勢での抱っこを試しますが、泣き続けたままでした。そのまま抱っこをしていると、赤ちゃんが少し熱いような気がしましたが、泣いていたからかなと思っていました。顔の赤さに気づいた保育士が「○○ちゃん、大丈夫？」と抱っこを替わりました。子どもの熱を測ると39℃もありました。

　この実習生は、赤ちゃんが心地よいようにと考え、さまざまな工夫をしました。しかし、結果として発熱に気づいてあげられなかったことをとても反省していました。乳児は急に熱が上がることがあります。泣いていたのはそのサインだったかもしれません。もし実習中に、このようにちょっとした変化がわかった場合、すぐに保育士に伝えてください。

2　おおむね6か月から1歳3か月未満

　この時期の子どもには、さまざまな発達がみられます。はいはいを始め、そのうちひとり歩きを始めるようになります。身近な人の顔がはっきりわかるようになり、大好きな人が一緒にいると喜んだり、目の前のおもちゃを取ろうとしたりするようになります。

　また、この時期の子どもの成長には個人差が大きいので、一人ひとりの発達課題を見極めることが必要です（図表3-4）。

写真5

手を口にもってきたり、手を組んで遊んだり。

写真6

足を高く上げて、ねがえりをしようとしています。

図表3-4 おおむね6か月から1歳3か月未満の発達の特徴

生理的機能	・乳歯が生え始める、消化能力がつき始める ・1歳ころの体重はおよそ9kg、身長およそ75cm
粗大運動	・支えられて座る⇒ずりばい⇒おすわり・はいはい⇒高ばい⇒つかまり立ち・つたい歩き⇒一人で立つ⇒一人で歩く
微細運動	・自分からものに手をだす⇒持ちかえができる⇒両手にものを持つ⇒小さいものを指でつまむ
認識・言語	・喃語の活発化、自分から大人に声をだす⇒手差し・指差し（身振り）⇒初語
自我・情緒	・身近な人を認識⇒人見知り⇒分離不安（後追い・泣くなど） ・大人の真似をする、自己意識⇒自己主張
生活	・離乳食の開始（1回＋乳）⇒離乳中期（2回＋乳）⇒離乳後期（3回） ・食べさせてもらう⇒手づかみで食べる⇒スプーン・コップを使う ・日中の睡眠がまとまってくる（2～3回睡眠）⇒午前・午後1回睡眠
遊び	・なめる、口に入れる、動きを楽しむ、追いかける ・出し入れする、トンネルくぐり ・ラトル、ボール、ぬいぐるみ、あかちゃん用積み木（写真7）など

3 おおむね1歳3か月から2歳未満

　1歳児になると、多くの子どもは歩行ができ、手指の操作が上達し、言葉を話すようになります。それにともなって、「自分で」という気持ちが芽生えてきます。

　また、周囲の大人の話を理解し、それに応えようと、指差しや身振りで伝えようとします。1歳後半では、**二語文***を話すようになったり、**見立て遊び***をするようになってきます（図表3-5）。

インシデント⑤：トラブルが起こった

　1歳児のクラスでおもちゃの取り合いになり、取られた子どもの手が出そうになったときに、保育士がすっと間に入りました。「○○ちゃんが使ってたんだよね。△△ちゃんも使いたいんだって」と言葉をかけると、トラブルになりそうな表情がすっと消えて、おもちゃのやりとりをし、また遊び始めました。保育士のあのタイミン

※ 用語解説
二語文
単語と単語をつなげて話すこと。「ブーブーいっちゃった」「ママ、だっこ」など。

見立て遊び
積み木を電車に見立てて「ガタンゴトン」と言って走らせたり、お手玉をおかずに見立てて、食べるまねをしたりする遊びのこと。

写真7
好きなおもちゃでじっくり遊んでいます。

写真8
♪かじやのかっちゃん……、わらべ歌遊びをして笑っています。

第1章 保育所・幼稚園・幼保連携型認定こども園での実習

図表3-5 おおむね1歳3か月から2歳未満の発達の特徴

生理的機能	・前歯、奥歯、乳歯が生える（乳歯は上下で12本から16本） ・消化や代謝が成熟してくる
粗大運動	・一人で歩く、手と膝をついてよじ登る⇒支えられて階段の昇降、つかまって爪先立ち、膝を屈伸してジャンプの動作、音楽に合わせて体を揺らす
微細運動	・指先への力の集中（つまむ、押す、めくるなど）（写真9）
認識・言語	・一語文→二語文、「いや」「ダメ」「しない」を言う ・体の部分を指差す、ものの名前を知りたがる ・大人の言葉を受けて行動できる
自我・情緒	・大人を遊びに誘う、大人の真似ができる（写真8） ・「～したい」「～ほしい」という思いが強くなる ・思いが伝わらず、かみつきがみられることもある ・自我の芽生え、自分の顔を意識する
生活	・離乳完了⇒3回の食事と2回のおやつ ・食具（スプーン・フォーク）を上手に使う（写真10） ・排尿間隔が一定になる⇒おむつ替えの時間が決まってくる⇒汚れたことをしぐさで知らせる ・午睡は昼食後の1回になる（1～3時間程度） ・手洗いや歯磨きを自分でしたがる ・自分で脱いだり、着ようとしたりする（写真11、12）
遊び	・歩き回る、体を動かして遊ぶ、手指を使った遊び ・引っ張って歩く、押して歩く、出し入れする ・手押し車、プルトイ、型はめ、大きなパズル、積み木、ぬいぐるみ、大きい玉ころがし、ボール、滑り台など

写真9

手づくりおもちゃで、指先を使ったり、音や色を楽しんだりしています。

写真10

上手にスプーンが使えるようになりました。手首を使っています。

写真11

「ズボン、あげてみようか」「よいっしょ」

写真12

「お顔でてくるかな？」「ばぁ！」

グと言葉かけがすごいと思いました。

　子ども同士のトラブルが目の前で起こることはよくあります。子ども一人ひとりの個性や発達を知っている保育士が、そのときにその子どもの心を察知し、言葉を代弁する姿がみられました。この月齢では、「いや」「ぼくが」と自己が出てくる時期で、言葉でうまく伝えられないと引っかいたり、かんだりしてしまうかもしれません。安心して生活できるよう保育士が見守り、子どもの様子を観察しています。とっさにすっと入って、言葉をかけたようにみえますが、保育士は「こんなことがあるかもしれない」と予測を立てています。

■4 おおむね2歳

　走る、跳ぶなどの運動機能が伸び、リズムに乗って体を動かすことを好むようになってきます。「自分でしたい」という気持ちが強くなり、言葉も急速に増え、上手に言葉で伝えるようになります。しかし、自分の思いどおりにならないときにかんしゃくを起こしたり、反抗するなど、自己主張を行います。反対に、大人にべったりと甘えてくることもあります（図表3-6）。

インシデント⑥：子どもの名前

　観察実習で2歳児の部屋に入りました。でも、子どもの名前を覚えるのが苦手で、実習中に全員の名前を覚えることができませんでした。名前を呼べずにいると、保育士が間に入ってくれて「〇〇ちゃんです」と教えてくれました。

　はじめての場所で、たくさんの子どもの名前を覚えるのは難しいことかもしれません。それでも頑張って、自分の配属されたクラスの子どもの名前は、実習期間中のできれば早いうちに覚えましょう。

　たとえば、外遊びを終え、手洗いをして部屋に戻るときに、「手を洗いましょう」と漠然と声かけするよりも、「〇〇ちゃん、手を洗おうか」と名前を呼んだほうが、子どもたちは喜んで行動することができます。子どもたちは自分の名前を呼ばれると、「私のことを知ってくれているんだ」とうれしく思うからです。

　どうしても名前を覚えるのが苦手な人は、子どもの名前のリストをつくって、それぞれの子どもと話をしたときにチェックを入れていきます。何か楽しいエピソードがあれば、少し記入しておきます。毎日、全員と

触れ合うことを意識して、子どもの名前を呼んでみましょう。もし、それでもわからなかったら、名前を聞いてみてください。
「お名前は？」「〇〇！」
２歳児の子どもが保育所の先輩として、さまざまなことを教えてくれるようになります。

図表3-6　おおむね２歳の発達の特徴

生理的機能	・奥歯が生え、乳歯が20本そろう、消化・吸収力がつく ・体重およそ11kg、身長およそ85cm
粗大運動	・走る・跳ぶ（その場で両足跳び）、バランス感覚が発達し、支えがあると片足立ちができる、よじ登ることができる、鉄棒にぶら下がる、上手投げができる
微細運動	・両手を使ってブロックや電車のおもちゃをつなげる ・型合わせなどができるようになる ・指先、手のひら、手首の動きを組み合わせた動作ができる
認識・言語	・二語文⇒質問が増える⇒単語数が急増 ・一生懸命話そうとする⇒イメージを具体的な言葉で示す ・大小・長短・同じ・多少などがわかる
自我・情緒	・友だちがしていることに興味をもつ ・「見て」と見ていてほしがる ・友だちとものの取り合いが多くなり、「いや」と拒否することが増える ・自分でできることが増え、自己主張が強くなる ・自我のぶつかり合い⇒仲間関係の芽生え
生活	・自分で席につき、スプーンやフォークも上手に使えるようになる ・遊び食べをすることもある ・うんちやおしっこがでたことを、言葉やしぐさで伝える⇒おむつからパンツに移行 ・パンツやズボン、丸首のシャツなどを自分で着たり脱いだりできるようになる
遊び	・ものの分類ができ、片づけようとするようになる（写真13） ・見立て遊び、つもり遊び、生活を再現する（写真14） ・ぶつかり合いもあるが、友だちと遊ぶ ・棒通し、ひも通し、型はめ、パズル、積み木、ボール、人形、ままごと、粘土、クレヨンなど

写真13

自分で使うものを片づけられます。

写真14

友だちとごっこ遊びができるようになりました。

3. 保育所実習での注意事項

　保育所での実習は、養成校の講義で学んだ知識や技術を保育の現場で確かなものにすることができます。また、保育士としての資質向上を図り、子どもの成長や発達に応じた実践力を身につけていくことができます。ここでは、実習に行った先輩の話から、実習での注意点を考えます。

インシデント⑦：子どもや保育士の姿から学ぶ

　保育のことでどうすればいいのかわからなかったことがありました。「わからないことは、そのときに聞いてくださいね」と言われましたが、先生たちも忙しそうにしていると、今聞いても大丈夫なのかなと思い、質問するタイミングが難しかったです。

　実習の場で、わからないことや子ども同士のやりとりのなかで悩んでしまうことは、多々あるかと思います。保育者も子どもとのやりとりの最中だったりすると、声をかけてもいいかと迷うかもしれません。そんなときは、あなたの聞きたいことの重要性を、子どもを中心として考えてみましょう。

　保育の場では、子どもが主人公です。今ただちに聞かなくてはいけないことなのか、あとで聞いてもよいことなのか。あとでもよいのであれば、「この場面でどうすればよかったのか」などということをメモしておき、その日の反省会のときに聞きましょう。

　ただし、子どもたちの間にトラブルが起こっている場合や、子どもの様子がおかしいと感じたときには、そのつど保育者に尋ねましょう。

インシデント⑧：実習前から意欲的に取り組む

　学校の時間に余裕があるときに、子どもたちと楽しめる手遊びを調べたり、一緒に遊べるペープサートや指人形などをつくったりしておけばよかったです。造形の授業でつくったペープサートが人気で、子どもたちに「もう1回」とお願いされたのがとてもうれしかったです。

　また、毎日、子どもたちに絵本を読む機会をいただきました。月齢や子どもの興味に合った絵本を調べて、事前に読んでおくべきでした。

第1章　保育所・幼稚園・幼保連携型認定こども園での実習

　実習のちょっとしたときに、絵本を読んだり、手遊びをしたりする機会があります。養成校の授業で手づくりおもちゃやエプロンシアターなどをつくることがあると思いますが、実習ではそれらを生かせる場面がたくさんあります。いろいろな種類をつくっておくといいと思います。

　それと同時に、「この年齢の子ならどうすれば楽しめるかな」と、年齢による遊び方や演じ方を整理しておくことも大切です。また、子どもと一緒に使うペープサートが丈夫につくられているか、安全なのかなども考えたりする必要があります。絵本やエプロンシアターなどは、事前に読んだり練習をしておくこと、また破れていないか、全部そろっているかなども調べておきましょう。

　そして、これらの準備や学習に意欲的に取り組む姿勢をもつこと自体が重要なのです。自分の得意分野を知り追求していくことも、不得意なことを克服していくことも、子どものことを理解すること、保育について理解することにつながっていきます。

インシデント⑨：謙虚な姿勢、社会人としての自覚、専門職としての自覚

　実習中、日誌を書くことがとても難しく、実習担当の先生にいろんなところを書き直して教えていただきました。自分の文章と、先生の文章がどう違うのかを考えて、その日のシーンを頭に思い浮かべるようにして書いていました。実習最終日に、「日誌に書いている援助がとてもわかりやすくなった」ことと、あいさつや表情について、さらに毎日元気に実習が行えたことを褒めていただきました。初日の日誌で、「私は保育士に向いていないんじゃないか」と思ったのですが、もっと保育所にいたいと思いました。

　実習に対しての不安があったり、実習日誌がうまく書けず睡眠不足になったりして、実習先でどこか緊張した表情になることもあるかと思います。しかし、そんななかでも、身も心も健康に実習に参加できたことや、笑顔であいさつできたことは、社会人としての自覚をもった行動だったと思います。

　さらに、実習生と保育士の文章の違いを謙虚に受け止め、自分なりに理解しようと頑張った様子からは、専門職に携わろうとする自覚も芽生えていたことがうかがえます。こうして、社会人として、保育士としての自覚を得ていきます。

　保育実習ではさまざまな収穫があると思いますが、まずは心構えが必

レッスン3　保育所実習の実際と注意事項

要です。子どもや保育者から学ぼうとするには、謙虚に取り組むこと。また、実習前から、保育についての学習に意欲的に取り組むことも重要です。そして、社会人としての自覚、専門職としての自覚が身についたときに、より一層学びに向かう構えができます。子どもに関わる学びは、資格を取得したから終わりということはありません。より素敵な保育士をめざし、常に学びの姿勢を身につけましょう。

4．異年齢保育

　少子化によって子どもたちが異年齢の子どもと関わることが少なくなってきているので、多様な仲間関係を築けるよう、異年齢保育を行っている保育所があります。保育所の大きさや人数の問題で、0歳と1歳が一緒に過ごしている場合も異年齢保育といいますが、ここでは、3・4・5歳児の異年齢保育について考えていきます。

インシデント⑩：異年齢保育の保育実習
　実習に行く保育所が異年齢保育を行っていると聞きました。いろいろな年齢の子どもをみなくてはいけないと思うと、不安です。どうすればよいでしょうか？

　最初に、素直に、子ども同士の関わりについて観察してみましょう。5歳児はしっかりしていて頼りがいがあるように見えるし、3歳児は友だちに優しくされ落ち着いて生活をしています。4歳児はそんな5歳児の姿を見て、憧れをもったり、自分も同じようにしてみようとしたりしているのではないでしょうか。
　「この子は○歳児だから」という枠組みを取り払って、3歳から5歳児までの発達を自分なりに感じ取るチャンスになるかもしれません。また、保育士がどのように関わっているのかも観察していきましょう。

インシデント⑪：誰に合わせる？
　異年齢のクラスで実習を行うときに、絵本を選ぶのも、指導案を書くのも悩んでしまいました。どの年齢に合わせればよいのかわかりませんでした。3歳児に合わせると5歳児が満足しないかもしれないし、5歳児に合わせると3歳児が集中できないかもしれない。中間の4歳児に合わせたらよいのでしょうか？

41

異年齢保育を行うときには、ポイントがいくつかあります。まず、そのときのクラス全体での興味・関心が何にあるのかを把握することです。たとえば、読み聞かせする絵本は、保育士が適当に選んでいるわけではなく、子どもたちの様子をみて、どの絵本にするのかを判断しているのです。

また、活動内容についても、保育士は一人ひとりの子どもの心身の成長を理解しており、その日の様子に合わせて、子どもがすすんで取り組めるように内容にいくつかの段階をつくっていたり、言葉かけや手だてなど援助の方法も変化させることで対応しています。活動の内容にいくつかの段階があると、3歳児は「お兄ちゃんやお姉ちゃんはあんなこともしている」と真剣な目で見ている様子があったり、4歳児は少し難しいことに挑戦しようとしていたりする姿にも出会えます。

指導案を書くときには、子どもの興味・関心をよく観察し、テーマを決めたのちに、「〇歳児なら、こんなことができるかな?」と予想を立てながら立案しましょう。みんなで製作活動を楽しむ時には、年齢が違っても、同じ活動を一緒に行うことで一体感が生まれます。子どもたちは年齢によってできること、できないことがありますが、子どもたちの発達に応じて工程を簡単にしたり、保育士がフォローしたり、年上の友だちに援助をお願いしたりするなど、工夫しながら活動を進めていくとよいでしょう。たとえば、動物園へ遠足に行った体験をもとに、色紙でのライオンの製作を行うこととします。3歳児は丸い紙に三角をたてがみに見立てて周りに貼っていきます。4歳児は丸い紙を自分で切って三角のたてがみを周りに貼っていきます。5歳児は細かく切ってたてがみを作ります。同様に、他の活動についても、年齢別に配慮しながら計画を立て、必要なものを準備しています。

演 習 課 題

①図表で解説した各年齢の発達の特徴の理解だけでなく、実際に皆さんの近くにいる子どもの様子を思い浮かべながら、発達の特徴について考えてみましょう。
②自分の保護者などに、幼いころの自分について聞いてみましょう。
③実習を行ったことがある先輩に、保育所での一日の流れや、子どもとのエピソードなど、生の声を聞いてみましょう（ただし、このとき、各保育所の保育のあり方については、自分たちだけで安易に判断しないようにしてください）。

レッスン**4**
・・・・・・・・・・・・・・・

幼稚園教諭になること（幼稚園実習）
・・・

本レッスンでは、幼稚園教諭になることについて学びます。実習生は〈実習を受ける学生〉ですが、実際に3・4・5歳児の幼児たちの前に立つと「先生」と呼ばれます。保育者をめざしているとはいえ、とても気恥ずかしくとまどいが大きいかもしれません。では、幼稚園教諭になるためには、どのようなことが大切なのでしょう。幼稚園実習はどんな心構えで臨めばよいのでしょうか。一緒に考えていきましょう。

1． 幼稚園教諭になるために

1 幼稚園とは

あなたが描く「幼稚園」のイメージとはどんなものですか。先生と子どもたちが仲良く園庭で遊んでいる姿が浮かびますか。元気な子どもたちの笑い声が聞こえてきますか。歌を歌っていたり、友達と折り紙をしていたりと、いろいろな活動が浮かぶ人もいるでしょう。

幼稚園は、「学校教育法」第1条に規定されているように就学前教育を行う学校です。

その目的は、「学校教育法」第22条に、「幼稚園は、義務教育及びその後の教育の基礎を培うものとして、幼児を保育し、幼児の健やかな成長のために適当な環境を与えて、その心身の発達を助長することを目的とする」[†1] と記されています。

また、同法第26条に「幼稚園に入園することのできる者は、満3歳から、小学校就学の始期に達するまでの幼児とする」[†2] と定められています。つまり、幼稚園は満3歳から5歳の幼児たちの健やかな成長を保障し、よい環境で保育するところです。1学級の子どもの数は、35人以下と「幼稚園設置基準」に記されています（図表4-1）。

2 幼稚園教諭免許の取得と幼稚園教育実習

幼稚園の先生になるためには、幼稚園教諭免許が必要です。幼稚園教諭免許については「教育職員免許法」に規定されています。その免許取得に必要な科目は、教養教育科目と専門教育科目から構成されており、教養教育科目は広い教養を身につけることを目的としています。専門教育科目は、保育や教育に関わる知識や技術を習得することを目的としており、「教職に関する科目」と「教科に関する科目」に分かれ、幼稚園

▷ **出典**
†1 「学校教育法」第3章「幼稚園」第22条（目的）

†2 「学校教育法」第3章「幼稚園」第26条（入園することのできる者）

☑ **法令チェック**
「幼稚園設置基準」第2章「編制」第3条（一学級の幼児数）

43

第1章　保育所・幼稚園・幼保連携型認定こども園での実習

図表4-1 幼稚園の概要

施設名	幼稚園
管轄省庁	文部科学省
根拠法令	「学校教育法」
保育内容など	「幼稚園設置基準」「幼稚園教育要領」
目的	「義務教育及びその後の教育の基礎を培うものとして、幼児を保育し、幼児の健やかな成長のために適当な環境を与えて、その心身の発達を助長すること」（「学校教育法」第22条）
対象児	満3歳から小学校就学の始期に達するまでの幼児
教育時間	原則として1日4時間が標準だが、預かり保育も有り
担当（教諭の必要免許）	幼稚園教諭免許

教育実習は、「教職に関する科目」に位置づけられています。

　幼稚園教育実習については、「教育職員免許法施行規則」第6条1項で5単位の取得が規定されています。ただし、「教育実習に係る事前及び事後の指導」が1単位含まれるので、実習自体は4単位です。

　実習方法は養成校によりさまざまで、連続して4週間実習を行ったり、2週間と2週間や1週間と3週間に分散させたりという方法がとられています。いずれにしても、学生にとって効果的な実習となるように、時期と内容が定められています。

2．幼稚園教育について

1　幼稚園教育の基本

　幼児期における教育は、「幼稚園教育要領」第1章「総則」第1「幼稚園教育の基本」に、「生涯にわたる人格形成の基礎を培う重要なものであり、幼稚園教育は、学校教育法に規定する目的及び目標を達成するため、幼児期の特性を踏まえ、環境を通して行うものであることを基本とする」と示されています。さらに、「このため教師は、幼児との信頼関係を十分に築き」、「幼児と共によりよい教育環境を創造するように努めるもの」[3]とされています。そして、教育を行う際に、以下の3つの事項を重視するように示されています[4]。

補足

教育時間
「幼稚園教育要領」（2017年3月31日公示）第1章「総則」第3「教育課程の役割と編成等」3「教育課程の編成上の基本的事項」に、「(3)　幼稚園の1日の教育課程に係る教育時間は、4時間を標準とする。ただし、幼児の心身の発達の程度や季節などに適切に配慮するものとする」と定められている。

参照

幼稚園教諭免許取得のための実習のパターン
→レッスン1、図表1-2

出典

†3　「幼稚園教育要領」（2017年3月31日公示）第1章「総則」第1「幼稚園教育の基本」

†4　†3の要約。

> ①幼児は安定した情緒のもとで自己を十分に発揮することにより発達に必要な体験を得ていきます。そのことを考慮し、幼児の主体的な活動を促し、幼児期にふさわしい生活が展開されるようにします。
> ②幼児の自発的な活動としての遊びは、心身の調和のとれた発達の基礎を培う重要な学習です。そのことを考慮して、遊びをとおしての指導を中心として「幼稚園指導要領」第2章に示す「ねらい」が総合的に達成されるようにします。
> ③幼児の発達は、心身の諸側面が相互に関連し合い、多様な経過をたどって成し遂げられていくものであることと、幼児の生活経験がそれぞれ異なることなどを考慮して、幼児一人ひとりの特性に応じ、発達の課題に即した指導を行います。

「環境をとおして」教育するということは、幼児の生活を大切にするということです。つまり、幼児期特有の心情や生活のしかたを踏まえ、園生活では、綿密に練られた教育課程をもとに生きる力の基礎となる心情・意欲・態度が育成されるよう、子ども一人ひとりの特性や興味・関心を踏まえながら、さまざまな保育が展開されるわけです。

2 幼稚園の歴史および「幼稚園教育要領」等の変遷

日本ではじめて開設された幼稚園は、1876（明治9）年に開園した**東京女子師範学校附属幼稚園**です。1899（明治32）年に文部省（当時）により「幼稚園保育及設備規程」が制定され、保育項目などについて規定されました。ここでは、入園の年齢は満3歳から小学校就学まで、一日の保育時間は5時間以内などとされました。

その後、1947（昭和22）年には、幼稚園は「学校教育法」に組み込まれました。

「幼稚園教育要領」は、全国的に一定の教育水準を確保するとともに、実質的な教育の機会均等を保障するためのものです。これまでも、おおむね10年に一度改定が行われてきました（図表4-2）。

2017（平成29）年3月に告示された「幼稚園教育要領」においては、幼稚園教育で育みたい資質・能力を明確化し、5歳児終了までに育ってほしい具体的な姿を小学校と共有することにより、幼稚園と小学校との接続を推進しています。

◆補足
東京女子師範学校附属幼稚園
現在のお茶の水女子大学附属幼稚園のこと。

第1章　保育所・幼稚園・幼保連携型認定こども園での実習

図表4-2 「幼稚園教育要領」の変遷

時期	事項	内容
1948年	「保育要領」刊行	○幼稚園・保育所・家庭における幼児教育の手引書 ○保育内容を「楽しい幼児の経験」として12項目に分けて示す
1956年	「幼稚園教育要領」編集	○教育内容の「望ましい経験」を6つの「領域」に分類 「健康」「社会」「自然」「言語」「音楽リズム」「絵画製作」
1964年	「幼稚園教育要領」改訂	○はじめて「教育課程」という言葉を用いる ○教育内容の「望ましい経験や活動」は、大人が望ましいと思う内容を子どもに与えることではないことを重視
1989年	「幼稚園教育要領」改訂	○幼稚園教育は、「環境を通して」行うものであることを「幼稚園教育の基本」として示す ○ねらいや内容を、子どもの発達の側面からまとめて、今までの6領域から5領域に編成する 「健康」「人間関係」「環境」「言葉」「表現」 ○子どもの主体的な活動や遊びを強調
1998年	「幼稚園教育要領」改訂	○子どもの主体的な活動や遊びに加えて、教師の役割が強調される ○家庭との連携と生きる力の位置づけを示す
2008年	「幼稚園教育要領」改訂	○発達や学びの連続性、家庭生活との連続性を踏まえた幼稚園教育の充実 ○子育て支援や預かり保育の在り方を示す
2017年	「幼稚園教育要領」改訂	○生きる力の基礎を育むため「幼稚園教育において育みたい資質・能力の3つの柱」が示され、「幼児期の終わりまでに育ってほしい姿」を示す

出典：文部科学省「幼稚園教育要領改訂の経緯及び概要」1998年を一部改変

　また、幼児一人ひとりのよさや可能性を把握するなど、幼児理解に努めることが求められています。

3 幼稚園教育において育みたい資質・能力と「幼児期の終わりまでに育ってほしい姿」

　2017（平成26）年改訂の「幼稚園教育要領」で、幼稚園において、生きる力の基礎を育むため幼稚園教育の基本を踏まえ、一体的に育みたい＜資質・能力の3つの柱＞が以下の通り示されました[5]。

> ① 「知識や技能の基礎」：遊びや生活のなかで、豊かな体験を通じて、感じたり、気づいたり、わかったり、できるようになったりする柱。
> ② 「思考力・判断力・表現力等の基礎」：遊びや生活のなかで、考えたり、試したり、工夫したり、表現したりするという柱。
> ③ 「学びに向かう力、人間性等」：心情、意欲、態度が育つなかで、いかによりよい生活を営もうとするか、という柱。

▶出典

[5] 「幼稚園教育要領」（2017年3月31日公示）第1章「総則」第2「幼稚園教育において育みたい資質・能力及び『幼児期の終わりまでに育ってほしい姿』」からの要約。

レッスン4　幼稚園教諭になること（幼稚園実習）

つまり、教師は、生活や遊びをとおして、子どもが生活（遊びを含む）に必要な知識や技術を獲得し、よりよく生きようと充実した生活ができるよう、一人ひとりの子どもを理解し意識的に働きかけなければなりません。

そして、「幼児期の終わりまでに育ってほしい姿」が10項目で示されました。この10の姿とは、卒園するまでに育まれる具体的な子どもの姿を10の視点からとらえようというものです。そして、子どもの姿を小学校へ伝え、連携し、スムーズに学校生活へ移行していくことをめざしています。

①健康な心と体、②自立心、③協同性、④道徳性・規範意識の芽生え、⑤社会生活との関わり、⑥思考力の芽生え、⑦自然との関わり・生命尊重、⑧数量や図形、標識や文字などへの関心・感覚、⑨言葉による伝え合い、⑩豊かな感性と表現

これら10の姿は、卒園までの到達目標ではありません。あくまで5歳児の後半までの成長の目安です。遊びを通して、教師が指導を行う際に考慮していくものです。

なお、この「幼児期の終わりまでに育ってほしい姿」は、幼稚園・保育所・幼保連携型認定こども園ともに共通です。

> **参照**
> 「幼児期の終わりまでに育ってほしい姿」①〜⑩
> →レッスン7、図表7-4

3．幼稚園教諭とは

1 幼稚園教諭の役割

幼稚園実習の目的の一つに、「幼稚園教諭の仕事を理解すること」があります。実際の実習では、先輩保育者の保育がすぐ目の前で展開されます。たくさんの子どもたちの前で話をするときはどこを見て話をするのか、子ども同士のトラブルの場面ではどのように仲介しているのか、**保育環境**はどのように整えているのかなど、身近に観察して学ぶことができます。

では、幼稚園教諭の役割とはいったいどのようなものでしょうか。

幼稚園教育は、〈環境をとおして行う教育〉を充実・発展させなければなりません。幼稚園教諭をめざす者は、なぜ〈環境をとおして〉幼稚園教育が行われるのか、その意義について理解しておかなければなりません。

「幼稚園教育要領」では、保育者の役割が強調され、「幼児の主体的な活動が確保されるよう幼児一人一人の行動の理解と予想に基づき、計画

> **補足**
> 保育の環境
> ・人的環境
> ・物的環境
> ・社会事象
> ・自然事象など

47

的に環境を構成しなければならない。この場合において、教師は、幼児と人やものとの関わりが重要であることを踏まえ、教材を工夫し、物的・空間的環境を構成しなければならない。また、幼児一人一人の活動の場面に応じて、様々な役割を果たし、その活動を豊かにしなければならない」[6]と記されています。

また、幼児期の発達の特性や理論を理解し、遊びの原理や教育的意義も知っておかなければなりません。幼稚園教育においては、「健康」「人間関係」「環境」「言葉」「表現」[7]の5領域におけるねらいと内容を知り、それらのねらいが遊びのなかで総合的に実現されるような環境づくりが必要ですが、幼児期の発達のプロセスを知っておかないと適切な援助や助言ができないからです。

このように、幼稚園教諭になるためには、保育の理論について幅広い知識と理解が必要になります。

では、具体的にどのように子どもに関わっていけばよいのでしょうか。

幼稚園に通う幼児期の子どもの発達は著しく、人格形成の大切な時期です。その時期に密接に関わる幼稚園教諭は、時間的にも空間的にも心理的にも、関わる重要な人的環境です。幼児期の子どもをありのままに受け止め、よき理解者とならなければなりません。また、子どもが憧れる存在としてよきモデルとなるよう、自己の向上をめざして努力することが求められます。

①子どもの主体的な活動と幼稚園教諭の役割

幼稚園教育においては、子どもの**主体的な活動**としての遊びを中心とした教育を実践することが大切です。実習では、教師は遊びにどう関わるのか、教師の役割の基本を学びましょう。物的・空間的環境をどう構成するのか、その環境のもとで子どもとどのように関わっていくのか、まずは子ども一人ひとりの特性を把握できるようにしましょう。

その幼児期の特性に応じて育まれる「見方や考え方」とは、子どもが身のまわりの環境にすすんで関わり、心動かされるなかで、環境とのふさわしい関わり方に気づき、それらを身につけたり獲得しようとしたりして試行錯誤することです。言い換えれば、子どもが生活全体をどのようにとらえるかということです。

前述したように、この時期に育みたい資質・能力は、小学校以降のような教科で培うものではなく、子どもの自発的な活動である遊びや生活のなかで、美しさを感じたり、不思議さに気づいたり、試したり工夫したりすることをとおして育むことが大切です。

▶**出典**

†6 「幼稚園教育要領」（2017年3月31日告示）第1章「総則」第1「幼稚園教育の基本」

†7 「幼稚園教育要領」（2017年3月31日告示）第2章「ねらい及び内容」

②集団生活と幼稚園教諭の役割

　幼稚園においては、同じ目的で小集団で遊ぶ場合もあれば、学級という大きな集団で遊ぶ場合もあります。それぞれの集団で、子どもは多様な経験をします。思いの相違から対立したり葛藤が起こったりすることもあります。子どもは、それらの体験をとおして相手の気持ちに気づきます。そして、自分の思いをわかってもらうための伝え方を学びます。

　また、集団の生活には決まりがあります。子どもは、なぜ守らなければならないのか体験をとおして気づいていきます。教師は、子どもの様子をみながら、時期に応じた集団づくりへの援助を行っていきます。

　また、幼稚園は3歳から5歳の異年齢児がともに生活をする場です。年下の子どもへの思いやりや責任感、年上の子どもへの憧れや「自分もやってみよう」とする意欲も生まれてきます。年齢の異なる幼児が交流できるような環境構成が大切です。

③職員間の協力体制

　集団のなかで、子ども一人ひとりを育てるためには、教師が協力して一人ひとりの実態把握をしていくことが大切です。そのためには教師同士の連絡を密にすることが必要です。

　また、教師同士は保育を計画的に行うために必要に応じて打ち合わせや職員会議を開きます。さらに、行事ごとにチームを組んで、内容や準備、行事当日の職員の動きや子どもへの援助などを行い、反省会もしています。実習では、職員間で相手への気遣いや意思の疎通がどのようにされているのかなど、教師の連携もみていきましょう。

2　幼稚園の一日と幼稚園教諭の職務

①一日の流れと幼稚園教諭の仕事

　「学校教育法」第27条では「教諭は、幼児の保育をつかさどる」[8]と記されています。つまり、幼稚園教諭の職務は保育です。しかし、保育と一言で表すのは簡単ですが、実際の内容は複雑で難しいものです。

　幼稚園の一日の流れの例をみてみましょう。図表4-3は、子どもの活動と教諭の仕事内容を示したものです。

　幼稚園の一日の教育時間は、「幼稚園教育要領」において4時間が標準とされていますが、各園によってさまざまで、子どもの実態に即した流れが組まれています。

　幼稚園には、「園長のほか、各学級ごとに少なくとも専任の主幹教諭、指導教諭又は教諭を一人置かなければならない」[9]と「幼稚園設置基準」に定められています。学級を担当する教師の仕事は、図表4-3に記さ

▶**出典**
[8]「学校教育法」第3章「幼稚園」第27条第9項

▶**出典**
[9]「幼稚園設置基準」第2章「編制」（教職員）第5条第1項

第1章 保育所・幼稚園・幼保連携型認定こども園での実習

図表4-3 幼児の活動と幼稚園教諭の仕事内容（例）

時間	幼児の活動	幼稚園教諭の仕事内容
8:00～		出勤・清掃・環境構成・保育準備
		職員朝会（ミーティング）
8:30～	登園・朝のあいさつをする	幼児受け入れ・あいさつ・健康観察
	自分の荷物の始末・身支度	荷物の始末の援助
9:00～	自由遊び	遊びの援助
10:00～	朝の集まり	
10:30～	園活動もしくはクラス活動	クラス活動の援助
11:45～	昼食準備・当番活動	手洗い指導
12:00～	昼食	食事指導
12:45～	歯磨き・休息	歯磨き指導・清掃
	自由遊び	遊びの援助
13:45～	降園準備・帰りの会	降園準備の援助
14:00～	（預かり保育児は、預かり保育室へ移動する）	連絡
		保護者への連絡
	預かり保育	保育室清掃と片づけ
		職員打ち合わせ
	順次降園	園内研究・家庭通信作成・保育準備
		職員会議（全体・学年等）
17:00		事務分掌による担当事務・終礼・退勤

れている以外にも、保育計画の作成、受け持つ学級の書類の作成、学級内の保育環境の整備、行事担当、保護者対応など、さまざまな分野があります。

②幼稚園教諭の仕事の留意点

　幼稚園教諭の仕事は多岐にわたります。では、具体的にどのようなことを大切にしていけばよいのでしょうか。いくつかのポイントを以下にあげてみます。

・**明るく笑顔で接する**：子どもに関わるときはもちろんのことですが、保護者、地域の方々、同じ職場の職員等、さまざまな人と接する仕事です。人と接するときに笑顔は基本的な温かい姿勢となりますし、そこから信頼関係に結びついていきます。

・**子どもの内面理解に努める**：幼児期は、子ども一人ひとりが異なる家庭環境や生活経験のなかで、自分が親しんだ具体的なものを手がかりにして自分自身のイメージを形成し、それらに基づいてものごとを受け止めています。ですから、ものの見方や考え方は、大人以上に一人ひとり違っています。子どもを理解するときにその行動を見て対処していきますが、目に見える姿だけで判断してはいけません。育ってき

た環境や生活経験等、見えない内面の動きまで読み取れるよう理解を深めていくことが大切です。

・**子どもや保護者との信頼関係を築く**：子どもとの信頼関係を築くのはもちろん大切ですが、保護者ともよりよい関係づくりをしていくことが重要です。子どもや保護者に寄り添い、誠心誠意、心をこめて接していきましょう。

・**子どもの主体性を大事にし環境を構成する**：子どもがいろいろな環境と出会い、心をわくわくさせながら遊び、さまざまな人と関わる機会を設けます。子どもが主体的に遊び、多くの学びを体験できるよう環境を構成することが大切です。

4．幼稚園教育実習の実際

　これまでは、幼稚園の一日や幼稚園教諭の職務内容を学んできました。では、幼稚園での実習とはどういうものでしょうか。

　幼稚園実習では、養成校で学んだ幼児教育や、保育に関する知識や技術をもとに、幼稚園において保育の実践を学びます。将来保育者となる自覚をもって臨むことが大切です。

　はじめて実習に出向くあなたは、とても緊張すると思います。「毎日の実習記録を書くのは大変」「ピアノがうまく弾けるかしら」「指導案をどんなふうに考えればよいのかしら」とあれこれ悩んでしまうかもしれません。不安を抱くのは当然です。けれど、その不安と向き合い、よりよい実習体験をしていこうと、前向きに意欲や意識をもつことがとても大切です。

インシデント①：実習初日

　今日は5歳児の実習初日。はじめての実習でどきどきでした。どこに立てばよいのかしら、ここにいてじゃまにならないかしらなどと、頭のなかでぐるぐる考えてばかりで行動できません。そんななか、子どもが私の名札をみて「○○先生っていうの？」と話しかけてくれました。フェルトでつくった名札をみて、「この名札かわいいね」「ありがとう。先生がつくったんだよ」「すごーい」と会話するうちに、緊張が少し和らいできました。その後は「一緒に遊ぼう」と手を引いてくれ、園庭でブランコ遊びに参加しました。

実習初日の実習生の心情が語られています。慣れない環境にとまどうのは当然です。この学生は子どもが声をかけてくれて、明日からの子どもとの関わりを楽しみに意欲的に考えることができました。

実際に子どもと関わるなかで、机上では得られない学びがあります。積極的に関わっていきましょう。

①実習生の一日

では、ある実習生の一日をみてみましょう（図表4-4）。保育時間や保育の流れは園によってさまざまですが、こんな感じかなとイメージしてみてください。

園によっては、通園バスの幼児を迎えたり見送ったりする場合もあります。また、地域の実態や保護者の要請により「預かり保育」が行われることもあります。毎日の実習を振り返る反省会を設けてくださる園もあります。一日の大まかな実習生の流れを理解しましょう。

②実習をとおして学ぶこと

実習期間中は、実際に子どもと一緒に遊んだり、活動したりします。そのなかで個人や集団の成長過程を観察していき、幼児期の発育・発達をとらえることができます。さらに、実習記録の環境構成図を記入したり、毎日の保育を記録したりするなかで、保育環境の設定のしかたや保育者の子どもへの接し方などを学ぶこともできます。

また、教師が保護者と関わっている姿から、教師の子どもたちへの愛

図表 4-4 実習生の一日（例）

時間	実習内容
7:50～	出勤・出勤簿に捺印（毎日捺印する）
8:00～	職員朝会（ミーティング）、室内や園庭の掃除
8:30～	子どもの登園受け入れ、朝のあいさつ 子どもと自由に遊ぶ
10:00～	朝の集まり
10:30～	クラス活動
11:45～	片づけ、手洗い、昼食準備
12:00～	昼食
12:45～	歯磨き指導 自由遊び
13:45～	降園準備 帰りの集まり（預かり保育室へ移動）
14:00～	掃除（保育室・廊下・園庭・トイレ） 保育準備手伝い、実習記録・指導案作成
17:00～	終礼
17:30～	帰宅

情や保育への思いなども知ることができます。これらは、養成校では学ぶことができません。いわば現場での貴重な体験となるわけです。

今まで学んできた知識や保育技術を応用し、具体的に以下のことを学んでいきましょう。

【子ども理解を深める】

実習中、ただ子どもたちの様子を見ているだけでは、学びが深まりません。「同じ遊びでも、とても興味をもって遊んでいる子どもと、そうではない子どもがいるのはなぜだろう」「先生とよく触れ合っている子どもとあまり接していない子どもがいるのはどうしてだろう」などと、しっかり関係性などをみつめていきましょう。なにげないエピソードも、子ども理解のヒントになります。

また、子どもの性格や行動はそれぞれ違います。元気で活発な子どももいれば、おとなしい子どももいます。実習生に積極的に関わってくる子どもとそうでない子どもがいます。気がつくと「いつも同じ子どもと手をつないでいた」ということもよくあります。実習生を独占したい思いでそばを離れないこともあります。そんなときは場面を見極めて、いろいろな子どもと触れ合えるように意識的に接していくことが大切です。

【幼稚園教諭の仕事を体験する】

まずは、教師の一日を知ります。それは行動だけを知るのではなく、どのような配慮や言葉かけを行っているのか、教師の気持ちを知っていきます。教師の仕事を体験することで、この職業の楽しさと大変さを理解しましょう。また、体力も必要とする職業です。自分自身の健康管理に気を配り、万全の態勢で実習に臨みましょう。

【子どもへの指導方法を学ぶ】

養成校で学んだ指導方法をもとに、実際に実習していきますが、場面によってさまざまな援助の方法があります。遊びの援助、生活面での援助、課題活動での援助の方法を学びましょう。また、子どもの年齢でも違いますし、個人差もあります。指導方法が子どもに大きな影響を与えることもしっかり見据えましょう。

実際に子どもと接して実践してみると、思いどおりにいかないことがたくさんでてきます。「どうしたらいいのかわからない」のが実習です。養成校で学んだことを実際にやってみると、思いもしなかったことが起こったりするかもしれません。けれど、落ち込まなくても大丈夫。失敗をとおしてこそ、「次はどうすればいいか」「何が足りなかったか」「今度はどんなふうに声をかけていこうか」と次の課題がみつかるのです。

指導してくださる先生からの助言ですぐに改善できることもあれば、

努力が必要なこともあります。それらを繰り返しながら、幼稚園教諭としての専門性を培いましょう。

【実習はすべてが勉強である】

前にも述べたように、実習は養成校では教わることのできない保育の実務を学べる機会です。子どもとの関わりだけでなく、掃除、教材の準備と片づけ、飼育動物や栽培植物の世話、保護者との関わりなど、「何でも吸収しよう」という積極的な姿勢が大切です。

幼稚園の機能や役割、園内・園外環境の実際についても、幼稚園実習の大切な学びの一つです。地域との関わりや子育て支援の様子なども、できる範囲で学んでいきましょう。

【自分のめざす保育者像をもつ】

最終的には、実習で経験したさまざまなことから、子どもからみた保育者とはどのような存在なのか、保育者の役割を理解し、「こんな幼稚園教諭になりたい」という自分の理想をもって、それに近づけるよう頑張ってください。

演 習 課 題

①あなたがもし幼稚園教諭になるとしたら、どんな先生をめざしますか。具体的に5つ考えてみましょう。
②幼稚園について確かめてみたいことや、「これはどうなのか」と関心があることはどんなことですか。
③幼稚園教諭は具体的にどんなところが大変だと思いますか。また、どんなところが魅力的なのでしょうか。まわりの人と話し合ってみましょう。

レッスン**5**

幼稚園実習の実際と注意事項

本レッスンでは、具体的な幼稚園実習の内容と実習に臨む心構えを、先輩の事例から学んでいきます。「もし、自分ならどのように対応するだろう」と自身に置きかえて考えてみましょう。

1. 実習先幼稚園の保育の形態や種類

　幼稚園は「学校教育法」に規定された就学前教育を行いますが、保育の内容は園によってさまざまです。公立、私立を問わず、おのおのの教育理念のもとに教育方針があり、保育を行っています。自然のなかでの活動を大事にしている園、異年齢保育を充実させている園、キリスト教系や仏教系の園もあります。

　まずは自分が教育実習を希望する園の情報を集めてみましょう。先輩の実習報告書や、園のホームページなどからも情報を得られます。

2. 幼児の発達の特性

　幼稚園においては幼児期の発達の特性を十分に理解して、それぞれの子どもの発達の実情に即応した教育を行うことが大切です。そのためにも、まず、幼児期の発達の特性を理解しておくことが重要になります。

　文部科学省の「幼稚園教育要領解説」の幼児期の発達特性に関する記述を以下に要約します[1]。

・幼児期は、身体が著しく発達するとともに運動機能が急速に発達する時期です。そのために自分の力で取り組むことができることが多くなり、活動性も高まります。こうした取り組みは運動機能だけでなく、他の心身の発達も促します。
・幼児期は大人への依存を基盤にしつつ、自立へ向かう時期です。この時期に依存と自立の関係を十分に体験することは、将来にわたって人との関わりや充実した生活を営むために大

参照

「学校教育法」に規定された就学前教育
→レッスン4

補足

特色ある教育理念をもつ幼稚園
・仏教系幼稚園
・キリスト教系幼稚園
・モンテッソーリ保育（イタリア女性医学博士が実践・提唱した教育方法）
・シュタイナー保育（ドイツのシュタイナーの人智学思想に基づく教育）

出典

†1　文部科学省「幼稚園教育要領解説」2018年2月、序章第2節「幼児期の特性と幼稚園教育の役割」1「幼児期の特性」(2)「幼児期の発達」③「発達の特性」からの要約。

切です。

・幼児期は、生活経験によって親しんだ具体的なものを手がかりにして自分自身のイメージを形成し、それに基づいてものごとを受け止める時期です。また、友だちと遊ぶなかで他の子との受け止め方の違いに気づくようになり、さらに交流しながらしだいに一緒に活動を展開できるようになります。

・幼児期は、信頼や憧れをもってみている周囲の対象の言動や態度などを模倣したり、自分の行動にそのまま取り入れたりすることが多い時期です。その対象は保護者や教師などの大人から、友だちや物語の登場人物などに広がっていきます。このように幼児期における同一化は、人格的な発達、生活習慣や態度の形成などに重要です。

・幼児期は、環境と能動的に関わることをとおして、まわりのものごとに対処し、人々と交渉する際の基本的な枠組みとなる事柄についての概念を形成する時期です。命あるものとそうでないものの区別、生きているものとその生命の終わり、人と他の動物の区別、心の内面と表情などの区別などを理解するようになります。ですから、環境をとおして行う保育の環境構成はとても大切なのです。

・幼児期は、他者との関わり合いのなかでのさまざまな葛藤やつまずきなどの体験をとおして、やってよいこと・悪いことの基本的な区別ができるようになる時期です。これは将来の善悪の判断につながります。また、子ども同士が互いに自分の思いを主張し合い、折り合いをつける体験を重ねることで、決まりの必要性に気づき自己抑制ができるようになる時期です。大人の諾否により、受け入れられる行動と望ましくない行動を理解し、より適切な振る舞いを学ぶようになります。

3．実習の種類

◆補足
実習の名称
他に担当実習（部分担当実習・全日担当実習）や、半日実習、一日実習、応用実習などという場合がある。

実習には、見学・観察実習、参加実習、部分実習、責任実習など、いくつかの段階があります。実習体験者のインシデントを参考にしながら具体的にみていきましょう。

レッスン5　幼稚園実習の実際と注意事項

1　見学・観察実習

　観察実習とは、客観的に幼稚園教諭や幼児の行動などの観察をとおして学ぶものです。教師がどんなふうに保育を進めているか、どんなふうに子どもと関わっているか、子どもはどんな表情で遊びに参加しているかなどをみていきます。客観的な目で、「今、声をかけたのはどうしてだろう」などと自分なりに教師の意図を考えてみましょう。声かけのタイミングをみたり、子どもの動きをみたり、言葉を聞いたりします。

　観察実習だからといって、何もしないで隅のほうに立ちっぱなしではいけません。子どもと関わりながら、あるいは教師から頼まれたことを手伝いながら観察することで理解を深めていきます。

①観察実習のメモのとり方

　観察実習中は、遊びの具体的な様子や、教師の言葉かけの配慮などを含めて、要点を押さえて簡潔にメモをとるのがよいでしょう。初日は「この時間帯にはこの活動をする」というように、〈一日の流れ〉と〈具体的な内容〉をメモします。ただし、メモをとってよいかどうか、あらかじめオリエンテーションで確認しておきましょう。

インシデント①：メモをとる

　オリエンテーションで「メモはとってよいです」と確認をとり、初日、2日目と子どもの行動や先生の言葉を、そのつど書きとめていました。すると3日目に、「メモをとるのをやめて、子どものなかに入っていきなさい」と言われました。そのときに、はっと気づきました。メモをとることだけに一生懸命になり、全体の子どもの様子や一人ひとりの表情をみることができていませんでした。

　あらかじめメモをとる許可を得ていましたが、3日目から「メモをとらないで……」と指摘を受けた事例です。メモは、いつでもどこでもとってよいというものではありません。場合によっては、子どもの活動の妨げになったりもします。メモに頼らず、子どもに関わってほしいと考える園も多いです。メモがとれる場合でも、その場ではなく時間をずらしたり、合間をみつけたりして書きとめるようにしましょう。

②実習のねらいをもつ

　実習には課題をもって取り組みましょう。漠然と、子どもと楽しく過ごせればよいという気持ちで臨むと、学びの少ない実習で終わってしまいます。実習の課題をしっかりともって取り組み、自分なりの答えを見いだして有意義なものにしましょう。

57

幼稚園にはそれぞれ特色があり、その雰囲気や保育のすすめ方、幼児の様子はすべて違います。お世話になる実習期間は、その多様な園のなかのある1コマにすぎません。実習前も実習後もその園では、「幼稚園教育要領」に沿った教育方針、教育課程、指導計画に基づいて日々の保育が展開されていることを理解し、目の前の〈**子どもから学ぶ**〉、あるいは〈**教師から学ぶ**〉という姿勢で実習に臨みましょう。実習の課題は、「自分がこう動きたいと思う行動目標」「こんなことを観察してみたいと思う目標」などを視点に考えてみるとよいでしょう。具体的には、「初日は子どもたちの名前と顔がわかるように……」「このクラスではやっている遊びは、いくつあるのか」などについて考えてみます。

◆ 補足
「幼稚園教育要領」第1章「総則」第3「教育課程の役割と編成等」
「各幼稚園においては、教育基本法及び学校教育法その他の法令並びにこの幼稚園教育要領の示すところに従い、創意工夫を生かし、幼児の心身の発達と幼稚園及び地域の実態に即応した適切な教育課程を編成するものとする」

インシデント②：歯磨きの場面で
　観察実習で、私は〈子ども同士の関わりをみていきたい〉と考えました。歯磨きの場面でのことです（写真1）。あとから来たA児がさっさと済ませてしまい、まわりの子どもたちから、「早いのはだめだよ」「あー、しっかり磨いていない」と責められていました。A児は「いいもんねー」とどなり、その場を去ろうとします。すると、担任の先生がA児に「みんなは、A君の虫歯を心配してくれているのよ。好きなお歌を歌ってあげるからそれに合わせてもう一度磨いてみようか」と誘いかけ、もう一度ていねいに磨くことができました。

　〈子ども同士の関わりをみていきたい〉というねらいから、トラブルになりそうな場面で、他児の思いを代弁する保育者の援助の方法をみることができました。A児の性格などを理解しているからこそ、適切な声かけをしていたということが読み取れます。
　また、こんな場面ではどうでしょうか。

写真1

歯磨きの場面。

インシデント③：先生に質問をしよう！

　私は、観察実習で〈先生に必ず１つは質問をする〉という課題を考えました。しっかり保育を観察し【女児が２人であやとりをしている】【３人の男児は積み木でタワーをつくっている】【「今から戸外で遊びます。帽子をかぶってテラスに座ってください」と声をかけた】とメモをとりました。でも、あとで読み返すと、このメモから何をどのように質問したらよいのかわかりませんでした。

　〈先生に必ず１つは質問する〉と目標を立てたのはよかったのですが、「さあ、何を聞いてよいのかわからない」と悩んでしまいました。これはメモのとり方に問題があったようです。

　【幼児がしている遊び】や【教師の言葉かけの内容】だけに着目したのでは不十分です。遊びの展開の様子を具体的に意識してみることが大切です。幼児の表情や心情はどうか、教師の言葉かけで幼児がスムーズに行動していたのはなぜかなどを考えてみると、聞きたいことや確認したいことがみえてくるでしょう。

③教師から何を読み取るか

　子どもの観察をするときと同様に、教師の〈**行動**〉や〈**声かけ**〉、〈**表情**〉など、はじめは、みてわかることを観察します。そのうえで、〈**意味**〉や〈**意図**〉を読み取る必要があります。「何のために声かけをしたのか」「次にどういうことをしようとしているのか」と活動の流れを考えながら観察してみましょう。

インシデント④：先生の援助の仕方

　２人の子どもが砂場で、ままごと遊びをしていました（写真２）。その横で、女児Ｂは、遊んでいる２人の友だちを気にしながらも、一人遊びをしていました。そのとき、教師がさりげなくままごとの机とケーキの型を持ってきて、一人遊びのＢ児と誕生会のごちそうづくりの相談をし始めました。興味を覚えた２人の幼児も「入れて」と言ってきたので、Ｂ児が明るい声で「いいよ」と返事をし、４人でのごちそうづくりへ。他児も加わり遊びが盛り上がりました。教師は一人遊びのＢ児の気持ちを推し量りながら、うまく誘いかけて場所の設定や遊びの提案をしたのだと思いました。

写真2

砂場でのままごと遊び。

　これは、自由遊びのときの記録です。教師がちょうどよいタイミングを見計らって、B児の横に机を持ってきて遊びの設定をしました。そして、一人遊びのB児と横で遊んでいた2人を自然なかたちで結びつけて、遊びがより楽しくなるよう配慮や援助を行いました。そのことを、実習生はしっかりと観察できていました。

　教師は、幼児に何かを伝えるときや援助するときは必ず〈タイミング〉を見計らっています。それらも、意識してとらえるとよいでしょう。また、〈身振り〉や〈しぐさ〉、〈まなざし〉にも着目してみましょう。楽しい話をするときは、身振り手振りも楽しそうにしていたり、まなざしもとても優しいことに気づくでしょう。制作の説明をするときには、つくる見本を見せながら、子ども一人ひとりにゆっくりと説明しています。そうしたしぐさは、子どもがより理解できるための役割を果たしています。〈話す内容〉だけではなく、表情やしぐさからどのような意図や意味があるのかを意識して読み取ることが大事でしょう。

④環境の構成から何を読み取るか

　環境の構成は、保育を行ううえでとても重要です。幼児は環境に関わって行動を発展させていきますので、それらを整える必要があります。

　実習日誌の〈環境構成〉には、略図や言葉で具体的な構成内容を記入していきます。〈保育室〉〈園庭〉〈天候による構成の違い〉など、教師は保育の状況に応じて、環境構成を変えています。準備物だけでなく、教師の意図や配慮に着目してしっかり観察してみましょう。

2 参加実習

　参加実習とは、子どもたちのなかに入って学ぶ実習です。観察実習で一日の流れを把握できたら、より子どもを深く理解し、教師のサポートができるよう保育に積極的に参加します。子どもの反応をしっかりみて、教師の仕事を理解しましょう。

　「参加といっても、自分はいったい何をすればよいのだろう」と不安

を抱く学生も多いようです。実際は、子どもにうまく声をかけられない場合もあります。難しさと楽しさを学びましょう。

保育補助では、主活動中は、ある程度控えた位置で保育を見るのがよいでしょう。保育は園の教育課程に基づいて展開されています。そのねらいや内容のポイントを知らないで、独りよがりに行動してはいけません。前もって指導計画などを見せてもらうとよいでしょう。

自由遊びの場面では、子どもたちと関わりながら観察することで、興味のある事柄や子ども同士の関わりの理解を深めることができます。積極的に子どもと触れ合ってみましょう。

養成校で習った保育技術が、必ずしも実習先の子どもたちに合っているとは限りません。自分の選択したものが、子どもたちの姿とはかけ離れたものとなることもあります。発達段階や子どもたちが今取り組んでいる好きな遊びの内容を把握し、工夫しましょう。

インシデント⑤：身辺整理の援助って？
　3歳児クラスで、「子どもたちの身辺整理をみてください」と言われ、子どものところに行きました。そこで、なかなか荷物や衣服の整理ができない男児Cを手伝い、かかりっきりになってしまいました。すると、友だちから「全部先生にしてもらって、Cちゃん、赤ちゃんみたい」と言われて、C児は「僕、赤ちゃんじゃないもん」と泣きだしそうになってしまいました。自分が過度に手伝ったせいです。援助のしかたは難しいなと感じました。

身辺整理（写真3）の援助を頼まれた実習生は、ついつい子どものできないところを手伝ってあげます。親切心からの行動でしょう。「早く次の活動に移行できたらよい」と考えたのかもしれません。でも、援助のしかたとして、はたしてそれでよいのでしょうか。

3歳児は、毎日の連続する生活のなかで、しだいに自分のことは自分

写真3

身辺整理の場面。

第 1 章　保育所・幼稚園・幼保連携型認定こども園での実習

でできるようになっていきます。そんななか、実習生が優しく接してくれるので、C児はつい甘えてしまったのかもしれません。

大人が手を出して手伝うことだけが援助ではありません。3歳児の発達段階や、一人ひとりの性格も把握して対応していかなければなりません。こんなときは見守りながら、子どもが自分でできた達成感を味わえるよう励ましていきたいものです。

次は、実習生が困惑する場面の事例です。

インシデント⑥：「何でも聞いてね」と言われても

指導の先生はとても優しく声をかけてくださり「わからないことは、何でも聞いてね」と言ってくださいます。けれど、はじめての慣れない環境でドキドキ。どう行動したらよいのか、何をしたらよいのかがわからなかったです。どんどん時間は過ぎていきます。何か質問しないといけないと思うと、焦ってしまいました。

「指導の先生に『何かわからないことはある？』と尋ねられても、何がわからないのかがわからなくて困ってしまう」という悩みは、多くの実習生が抱くようです。はじめは緊張していることもあり、尋ねられてもとっさに言葉がでてこなかったり、指導の先生が忙しくしているので、聞くタイミングがわからなかったり、遠慮してしまったりするようです。

聞きたいことがでてきたら、「うかがいたいことがあるのですが、今よろしいですか？」と尋ねてみましょう。時間帯は、幼児の降園後が望ましいですが、そのとき忙しく時間的に無理ならば、あとで機会をみつけて対応してくれます。

何を聞いたらよいかわからない場合は、たとえば「けんかの場面でこのようなとき、先生はどうされていますか？」「グループを決めるとき、どのように配慮されたのですか？」「園児が頑張っている当番活動はいつごろから始めたのですか？」など、その日に印象に残った子どもや教師の言葉、行動、保育の方法などを尋ねてみましょう。ささいなことでも相談する気持ちで話し、理解を深めましょう。

3　部分実習

部分実習とは、保育の一部分を実際に行うことです。担任教師に代わってクラス全体の保育のある一定時間を受け持ちます。

部分実習の時間帯は、朝の会や降園前の時間などのこともありますが、園によって異なります。時間も、10〜20分程度の短時間であったり、

レッスン5　幼稚園実習の実際と注意事項

設定保育時間の50分から1時間くらいを受け持ったり、さまざまです。また、実習期間のどの時期に行うのか、何回行うのかも、園によって異なります。実習前のオリエンテーションで、しっかり確認しましょう。

部分実習では、部分実習指導案を立てて実習に臨みます。その時間帯の保育を任されるわけですから、子どもたちにとって楽しい活動になるよう環境設定や準備が必要です。

たとえば、子どもたちは今、どんな手遊びを楽しんでいるのか、興味を示しているものは何かなど、子どもたちの姿を把握します。次に自分が子どもたちに経験してほしい遊びの活動の流れを考え、案を立てます。その案を担任教師に見ていただき、修正を加え、出来上がった内容にそって、はじめて子どもたちの前に立って実習をすすめていけるのです。

とはいえ、予想と準備をしていても実際は思いもよらぬことが起き、臨機応変に対応することは大変難しいです。けれど、ここで悩んだ経験が、きっと将来保育者になったときに生かされます。

インシデント⑦：失敗だらけの設定保育

1回生なので「部分実習はないかなー」と思っていたら、予定を提示され慌てました。でも、前もって言ってくださったので覚悟を決め、担任の先生の声かけのタイミングや子どもの行動をしっかりと見て学び、実際の園の指導計画や週案なども見せていただきました。何度も実習指導案の書き直しをして、当日を迎えました。

実際は、予想外のことがいろいろと起きました。予定していなかったものが必要になったり、思いのほか時間がかかってしまったりしました。けれど、困ったときは先生がフォローしてくださり、何とか最後まですすめることができました。

反省点はいっぱいありましたが、先生から「失敗は失敗でないよ。『今度はこんなふうにしたらいいね』がいっぱいみつかって、次につながっていくからね」と助言をいただき、「そうだな」と前向きにとらえることができました。

この実習生は、設定保育の反省会で指導の教師にとても素敵な助言をいただき、「失敗ばかりだった」という思いから、前向きに気持ちを切り替えることができました。失敗は、準備不足や声かけのタイミングなど改善点をみつけることができるよい機会です。部分実習を一度経験することで、いろいろな反省点が見え「今度はこんなふうにしよう」と整理することができます。「自分の次のステップアップにつながるんだ」

63

という挑戦する気持ちで頑張りましょう。

また、こんな場面があるかもしれません。

> **インシデント⑧：急に言われても……**
>
> はじめての実習で、自由遊びのときなどに絵本の読み聞かせをし、実習もあとわずかというときでした。「今、時間が少しあるので、歌の伴奏をピアノで弾いてみる？」と先生が言ってくださいました。オリエンテーションのときに楽譜はいただいていました。けれど「ピアノを弾くことはおそらくないだろう」と勝手に判断し、練習もしておらず「できません」と断ってしまいました。

突然に言われると「どうしよう」ととまどってしまうかもしれません。しかし、実習中、ちょっとした時間に子どもたちの前で手遊びや絵本の読み聞かせなどを経験させてもらう機会は、貴重な時間であり、大きな学びになります。

たとえば、保育の時間の合間に、「子どもたちの好きな絵本を読んでみる？」とか「大学で習っている手遊びを子どもたちに教えてくれる？」などと教師から提案される場合があります。そんなときのために十分に準備しておきましょう。

4 責任実習

責任実習とは、それまでの実習で学んだ成果と課題を生かし、子どもたちの登園から降園までの一日を、担任教師に代わって担当します。部

図表 5-1 責任実習の主な活動の例とその配慮点

活動例	配慮点
造形活動（絵画や制作）	・季節や子どもの生活にふさわしい題材を選ぶ。 ・興味・関心や発達段階に合った内容を考える。 ・つくったもので遊ぶ。 ・つくったものを保育室などに飾る。 ・事前の準備をし、準備物を確認する。 ・手順表や見本を作成する。
運動遊びやゲーム遊び	・室内か戸外かなど、場所やスペースを考える。 ・安全面に配慮する。 ・子どもの発達段階に合った内容を考える。 ・事前の準備物を確認する。 ・ルールをわかりやすくていねいに説明する。
音楽遊びやダンス	・子どもが興味をもつ歌や曲を選ぶ。 ・明るく楽しい動きを実習生がモデルとなって示す。 ・短時間で要領よく伝える。 ・活動そのものを楽しめるよう工夫する。

分実習よりも長く、一日の時間配分を意識しながら保育をすすめます。

部分実習の計画を立てたときと同様に、担当教師の月案や週案、前日の日案とつながることを意識しながら、責任実習案を立てて臨みます。担任教師の助言や指導を得ながら修正を繰り返し、期間に余裕をもって、よりよい責任実習案に仕上げていきます。図表5-1に、主な活動の例と配慮事項をあげました。参考にしてください。

実習生にとっては特別で大変な一日となるでしょうが、子どもたちの大切な一日を提供していただく気持ちを忘れずに、謙虚な気持ちで取り組みましょう。

4. 幼稚園実習での注意事項

実習生として園のルールの遵守や時間厳守を心がけることはもちろんですが、社会人としての心構えとして大切だといわれている〈ほう・れん・そう〉があります。どこかで聞いたことがありますか。次頁の図表5-2に示した〈ほう（**報告**）〉〈れん（**連絡**）〉〈そう（**相談**）〉のことです。

また、もしあなたが実習中に体調不良などでやむをえず欠席しなければならない場合、あるいは遅れて園に到着する場合は、必ず出勤予定時間より前に園に連絡を入れます。そして、もし体調不良で欠席する場合は、すみやかに連絡して、安静に過ごしたり、通院したりして、体調管理に努めることが、社会人として大切な姿勢です。

もちろん、保育中に起こった出来事についても同じです。

インシデント⑨：報告するのを忘れた！

3歳児の実習後半。園庭で自由遊びのとき、いつもは仲のよい男児DとEのけんかの場面に遭遇しました。取っ組み合いになり、D児の手に深いひっかき傷ができました。担任の先生は保育室におられたので、自分が仲介できると思い、互いの言い分を聞いて代弁し、最後は仲直りの握手ができました。その後は、元気に追いかけっこをして遊びました。そのうち、けんかのことをすっかり忘れて、その日は帰宅してしまいました。すると、降園したD児の保護者から、「手にけがをしているのですが……」と園に連絡が入ったそうです。

担任の先生はご存じなかったので、翌日尋ねられ、けんかのことをお話ししました。

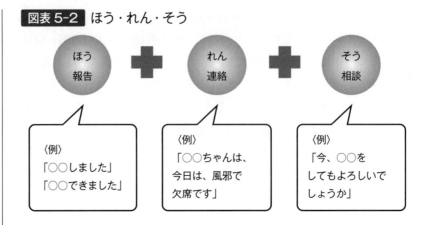

図表5-2 ほう・れん・そう

　これは、保育中の出来事の〈ほう・れん・そう〉を怠った事例です。実習生の「つい、うっかり」が、保護者の信頼をなくしてしまうことにつながりかねないのです。実習生は、けんかの報告もけがの手当てもできていませんでした。家に帰って保護者はびっくりされたでしょう。3歳児ですから、D児も幼稚園での出来事を十分に伝えられなかったのかもしれません。もし、実習生がきちんと報告をしておけば、大事には至らず、けがの手当てもできていたはずです。

　このように、自分自身が遭遇したことでトラブルなどが起こった場合は、自分勝手に判断しないで、必ず担任教師や園長先生に報告をして、判断をあおぎましょう。〈ほう・れん・そう〉は大事です。

　以上、インシデント①〜⑨の事例から、先輩たちが感じたことや反省点などを学ぶことができたことと思います。
　担任教師も、実習がより有意義なものになるように、忙しい時間を割いてくださいます。よりよい実習ができるように積極的に頑張り、自ら成長していきましょう。そして、自分自身の姿勢を見直すことで、望ましい幼稚園教諭像をめざしましょう。

演習課題

①養成校での学習のなかで、「得意な分野」を一つつくりましょう。手遊びや歌遊び、造形遊びや運動遊びなど、何でもいいです。自信があるものを身につけましょう。
②「自己の課題」を決めてみましょう。その際、はじめての実習では大

きすぎる内容や背伸びしすぎて到達できない難しい目標は立てないことです。まず、授業での学びを振り返って、実践をとおして理解したいと思う力は何か、保育者としての実践力など、具体的な内容でいくつか書き出してみましょう。

③子どもの内面の読み取りを、実習先の教師と意見交換してみましょう。そこからみえてくる子どもの実情を把握し、「子ども理解」につなげましょう。

レッスン6

保育教諭になること（幼保連携型認定こども園実習）

2012（平成24）年、子ども・子育て関連3法の成立によって「認定こども園法」が改正され、保育士、幼稚園教諭に加えて「保育教諭」という新しい職名が出てきました。この保育教諭とは、どのような役割をもっているのでしょうか。認定こども園について知り、理解を深めていきましょう。

1. 保育教諭になるために

1 保育所数、幼稚園数、認定こども園数の変化

2012年8月に子ども・子育て関連3法が成立したことで改正された「就学前の子どもに関する教育、保育等の総合的な提供の推進に関する法律」は、「認定こども園法」と呼ばれています。この「認定こども園法」の第14条に「幼保連携型認定こども園には、園長及び保育教諭を置かなければならない」とあり、「保育教諭」の名称が出てきます。

図表6-1で、保育所・幼稚園などの数の推移を見てみましょう。まず、認可保育所は2014年度まで徐々に増加し、反対に認可幼稚園は徐々に減少していることがわかります。理由の一つには保育ニーズの拡大があり、その背景には女性の就労率、共働き世帯の増加、核家族化などがあ

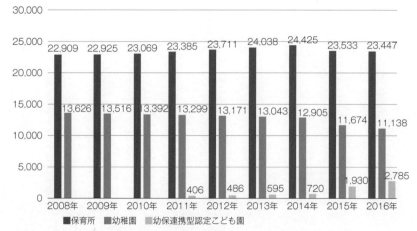

図表6-1 保育所・幼稚園・幼保連携型認定こども園の数の推移

出典：保育所数については厚生労働省「保育所等関連状況取りまとめ（平成28年4月1日）」2016年、幼稚園数については文部科学省「文部科学統計要覧（平成29年版）」、幼保連携型認定こども園については内閣府「認定こども園の数について（平成28年4月1日現在）」からの数値をもとに作成

● 補足
子ども・子育て関連3法
2012年8月10日に参議院本会議で可決・成立した以下の3つの法律のこと。
・「子ども・子育て支援法」
・「就学前の子どもに関する教育、保育等の総合的な提供の推進に関する法律の一部を改正する法律」
・「子ども・子育て支援法及び就学前の子どもに関する教育、保育等の総合的な提供の推進に関する法律の一部を改正する法律の施行に伴う関係法律の整備等に関する法律」

図表 6-2 認定こども園の数の推移

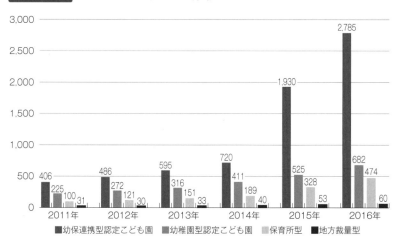

出典：内閣府「認定こども園の数について（平成28年4月1日現在）」をもとに作成

ります。

そして、2014年度の保育所の数は2万4,425か所[†1]、幼稚園の数は1万2,905か所でしたが[†2]、2015年度の保育所は2万3,533か所（保育所型認定こども園は328か所）[†1]、幼稚園は1万1,674か所（幼稚園型認定こども園は525か所）[†2]と、ともに減少しています。この背景としては、「認定こども園法」が改正されたことから、保育所と幼稚園が幼保連携型認定こども園に移行していることがあげられます。

図表6-2からもわかるように、保育所と幼稚園の両方の機能をもつ幼保連携型認定こども園は2014年度には720か所、2015年度には1,930か所、2016年度には2,785か所[†3]と、年々急速に増えています。

今後も幼保連携型認定こども園に移行する保育所・幼稚園が増えることが予測でき、保育教諭として勤務する人の数も多くなると考えられます。

2 保育教諭とは

現在、保育所で勤務するには保育士資格が、幼稚園で勤務するには幼稚園教諭二種（または一種あるいは専修）免許が必要です。認定こども園のなかでも、認可幼稚園と認可保育所が連携して一体的な運営を行う施設を「幼保連携型認定こども園」と呼び、この幼保連携型認定こども園で勤務するには、幼稚園免許と保育士資格の両方が必要となります。そして、2015（平成27）年度から始まった認定こども園制度では、その幼保連携型認定こども園で勤務する人を「保育教諭」と呼びます。

つまり、幼稚園免許と保育士資格の両方を取得し、しかも幼保連携型認定こども園で働いている人が「保育教諭」と呼ばれる人で、何か新た

▶出典

[†1] 厚生労働省「保育所等関連状況取りまとめ（平成28年4月1日）」2016年

[†2] 文部科学省「文部科学統計要覧（平成29年版）」2017年

▶出典

[†3] 内閣府「認定こども園の数について（平成28年4月1日現在）」2016年

◆補足
保育教諭に必要な資格・免許について
2015（平成27）年から5年間は、どちらかの資格・免許をもっていることで、勤務することはできる。2021年4月からは、保育士資格・幼稚園免許の両方が必要となる。

また、幼稚園教諭免許状を取得していても、「休眠」状態ではなく、免許更新をする必要がある。

な免許や資格をもっているわけではありません。

　幼稚園の先生になるには、文部科学省が定めた単位を大学や短期大学などでとり、教育実習を行い「幼稚園教諭免許」を取得しなければなりません。保育士になるには、厚生労働省が定めた単位を養成校でとり、保育実習、施設実習を行い「保育士資格」を取得することが必要です（図表6-3）。

　この幼稚園教諭免許と保育士資格のために取得が義務づけられている科目の内容には、教育原理や保育原理、社会福祉などの違いはありますが、保育士資格と幼稚園教諭二種免許の両方が取得できる養成校の短大で、2年間のカリキュラムで取得が可能であることを考えれば、学ぶべき内容の根幹は重複しています（図表6-4）。

　しかし、それぞれの専門分野についての勉強が必要であると考えられます。幼保連携型認定こども園の保育教諭には、原則としてこの2つの免許と資格を取得している人しかなれませんので、しっかりと意識して学ぶことが必要です。

図表6-3　幼児教育の施設で働く資格・免許など

施設名称	子どもと直接関わる職員	必要とされる資格・免許
保育所	保育士	保育士資格
幼稚園	幼稚園教諭	幼稚園教諭免許
幼保連携型認定こども園	保育教諭	保育士資格＋幼稚園教諭免許

注：幼保連携型認定こども園以外の認定こども園（幼稚園型、保育所型、地方裁量型）の職員には、保育士資格と幼稚園教諭免許の併有が望ましいが、いずれかでもよいとされている。ただし、満3歳未満児の保育には、いずれも保育士資格が必要。

図表6-4　幼稚園教諭と保育士の養成課程における履修科目の比較

幼稚園教諭二種免許	単位数	保育士資格	単位数
教科に関する科目 ・国語、算数、生活、音楽、図画工作、および体育のうち1以上	4	**教養科目** ・外国語、体育、社会学、文学、哲学などの基礎教養科目	8
教職に関する科目 ・教職の意義等に関する科目 ・教育の基礎理論に関する科目 ・教育課程および指導法に関する科目 ・生徒指導、教育相談および進路指導に関する科目 ・総合演習 ・教育実習	27	**専門科目** ・児童福祉、社会福祉、小児保健、小児栄養、乳児保育、養護内容等	60
その他の科目 ・日本国憲法、体育、外国語コミュニケーション、情報機器の操作 ※短大の場合、上記を含め62単位以上の習得が必要	8		

出典：文部科学省「幼稚園教諭と保育士の比較」をもとに作成

2. 認定こども園とは

1 認定こども園について

　認定こども園とは、保護者が働いているいないにかかわらず小学校就学前の子どもに幼児教育・保育を提供でき、地域における子育て支援機能を備え、都道府県から認定された施設のことです。
　認定こども園として必要とされる機能は、以下の3つです。

---

　①「教育基本法」の学校の定義に基づき、幼児期の学校教育を
　　行うこと**（幼稚園機能）**
　②「児童福祉法」等に従い、保育の必要な子どもの保育を行う
　　こと**（保育所機能）**
　③地域の事情や保護者の要請により、必要な子育て支援事業を
　　行うこと

　この3つの機能を備えた認定こども園には、幼保連携型、幼稚園型、保育所型、地方裁量型の4つのタイプがあります（図表6-5）。

　・**幼保連携型認定こども園**：保育教諭が勤務する幼保連携型認
　　定こども園は、認可幼稚園と認可保育所が連携して一体的な
　　運営を行い、認定こども園としての機能を果たします。また、
　　改正「認定こども園法」において、法的に学校かつ児童福祉
　　施設として位置づけされました。
　・**幼稚園型認定こども園**：認可幼稚園が、保育に欠ける子ども
　　のための保育時間を確保するなど、保育所的な機能を備えた
　　ものです。法的には、学校と位置づけられます。
　・**保育所型認定こども園**：認可保育所が、保育に欠ける子ども
　　以外の子どもも受け入れるなど、幼稚園的な機能を備えたも
　　ので、法的には児童福祉施設です。
　・**地方裁量型認定こども園**：幼稚園・保育所いずれの認可もな
　　い地域において、**認定こども園として必要な機能**を果たす施
　　設です。

　実習先としては、幼保連携型認定こども園は「学校かつ児童福祉施設」

第1章　保育所・幼稚園・幼保連携型認定こども園での実習

図表6-5　4つの認定こども園の比較

	幼保連携型認定こども園	幼稚園型認定こども園	保育所型認定こども園	地方裁量型認定こども園
法的性格	学校かつ児童福祉施設	学校（幼稚園に保育所機能追加）	児童福祉施設（保育所に幼稚園機能追加）	幼稚園機能＋保育所機能
職員	保育教諭（幼稚園教諭免許＋保育士資格）	満3歳以上児のみが対象の場合は、免許・資格の併有が望ましいがいずれかでも可。満3歳未満児がいる場合は、保育士資格が必要。	満3歳以上児のみが対象の場合は、免許・資格の併有が望ましいがいずれかでも可。満3歳未満児がいる場合は、保育士資格が必要。	満3歳以上児のみが対象の場合は、免許・資格の併有が望ましいがいずれかでも可。満3歳未満児がいる場合は、保育士資格が必要。
実習	保育実習　教育実習	教育実習	保育実習	

注：改正「認定こども園法」では、施行後5年間は幼稚園教諭免許状または保育士資格のどちらかを有していれば保育教諭となることができる経過措置があるが、2021（平成33）年度以降は両方の免許状・資格が必要になる。

なので、保育実習と教育実習の両方を行うことができます。幼稚園型は教育実習、保育所型は保育実習が可能です。しかし、地方裁量型は幼稚園としても保育所としても認可がないことから、実習先として選ぶことはできません。

2 認定こども園に来る子ども

　児童福祉施設などの利用を希望する場合、市町村から利用のための認定を受けます。子どもの年齢（0～2歳か3～5歳か）、**保育を必要とする事由**などによって認定区分され、支給認定証を交付され、それぞれの施設の利用ができるようになります（図表6-6、6-7）。

　保育所等においては、これまでは「保育に欠ける」ことが入所の条件でしたが、「児童福祉法」の改正により、保育所・認定こども園ともに入所の条件は「保育を必要とする事由」に変わっています。

　また、以前はなかなか認められなかったパートタイムでの就労や求職、就学などの場合でも、2号認定、3号認定にあてはまります。0～2歳で「保育を必要とする事由」がない場合は入所・入園はできませんが、一時預かりなどの子育て支援は利用できます。3～5歳で保育を「必要とする事由」がなくても、1号認定として幼稚園や認定こども園に入所することが可能です。

　認定こども園にいるのは、満3歳以上のすべての子どもと、満3歳未満の「保育を必要とする子ども」ということになりますが、1号認定・2号認定・3号認定の子どもによって、タイムスケジュールなどが変わります。

参照
「保育を必要とする事由」
→レッスン2、22頁

◆補足
保育を必要とする
以前の「児童福祉法」では、「保育所は、日日保護者の委託を受けて、保育に欠けるその乳児又は幼児を保育する」と書かれていたが、現在は「保育を必要とする乳児・幼児を日々保護者の下から通わせて保育を行う」（第39条）となっている。

◆補足
共働き家庭の幼稚園入園
共働き家庭でも幼稚園入園希望の場合、1号認定を受けることになる。

図表6-6 認定区分フローチャート

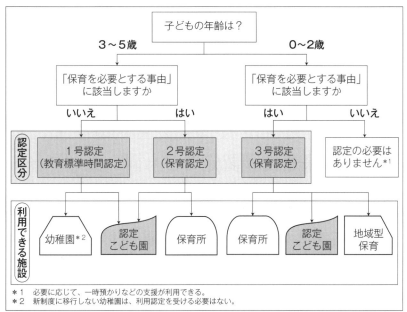

＊1　必要に応じて、一時預かりなどの支援が利用できる。
＊2　新制度に移行しない幼稚園は、利用認定を受ける必要はない。
出典：内閣府「子ども・子育て支援新制度　なるほどBOOK（平成28年4月改訂版）」をもとに作成

図表6-7　3つの認定区分

認定区分	1号認定	2号認定	3号認定
対象年齢	満3歳以上		満3歳未満
保育の必要性	なし	あり	
給付の内容	教育標準時間	保育短時間・保育標準時間	
利用施設	幼稚園 認定こども園	認可保育園 認定こども園	認可保育園 認定こども園 小規模保育など

3　認定こども園での生活

　認定こども園では、どのような生活を送っているのでしょうか。

　満3歳以上の子どもは、どの子も学級に入り、担任による4時間の教育時間があります。1号認定の子どもは昼過ぎに降園時間があり、2号認定の子どもたちは昼以降、体を休めたり異年齢での遊びを楽しんだりしています。

　保育が必要な時間については、「保育標準時間」と「保育短時間」があり、それぞれ最長11時間、8時間利用できます。また、それ以降に1号認定の子どもの預かり保育、2号認定・3号認定の子どもの延長保育を行っています（図表6-8）。

　なお、2号認定の子どもの共通時間後や、3号認定の0〜2歳児の子どもの保育に従事する場合は、保育士資格が必要です。

第1章　保育所・幼稚園・幼保連携型認定こども園での実習

図表6-8 認定区分ごとの子どものタイムスケジュールの例

認定区分	午前		午後		夕方
	早朝　→　順次登園			順次降園	延長
1号認定	預かり保育	共通時間（4時間程度）		預かり保育	
2号認定	保育時間	学級による教育活動			延長保育
3号認定	保育時間				延長保育

3．幼保連携型認定こども園

1 ▶ 幼保連携型認定こども園とは

　前節までで説明したように、幼保連携型認定こども園は、認定こども園の4つのタイプのうちの一つです。他のタイプの認定こども園と重複する部分も多くありますが、それらを含めて、幼保連携型認定こども園がどのような特性や役割をもつ施設であるのかを知っておくことが大切です（図表6-9）。

　まず、保育所は「児童福祉法」、幼稚園は「学校教育法」に基づいて、それぞれ児童福祉施設、学校という位置づけがされています。一方、幼稚園と保育所が組み合わさった幼保連携型認定こども園は、「児童福祉法」と「学校教育法」から幼保連携型認定こども園に関する規定を引き抜いて「認定こども園法」に一本化されています。「認定こども園法」の第2章のタイトルは「幼保連携型認定こども園以外の認定こども園

☑ **法令チェック**
「認定こども園法」第1条、第2条第7項

図表6-9 幼保連携型認定こども園について

施設名	幼保連携型認定こども園
管轄省庁	内閣府
根拠法令	「就学前の子どもに関する教育、保育等の総合的な提供の推進に関する法律」（認定こども園法）
法的性格	学校および児童福祉施設としての法的位置づけをもつ単一の施設
保育内容など	「幼保連携型認定こども園教育・保育要領」に基づく
目的	幼稚園および保育所等における小学校就学前の子どもに対する教育および保育、並びに保護者に対する子育て支援を総合的に提供
対象児	「保育を必要とする事由」に該当する子も該当しない子も受け入れて、教育・保育を一体的に行う。すべての子育て家庭を対象に、子育て不安に対応した相談等を提供する。
保育時間および子育て支援など	・4時間利用にも11時間利用にも対応。土曜日の開園。 ・保護者の就労の有無にかかわらず、同じ施設に子どもをあずけることができる。 ・子どもが通園していない家庭でも育児相談等の子育て支援を受けられる。
担当	保育士資格、幼稚園教諭免許の両方をもった保育教諭。当分の間は、どちらか一方の資格で可能。

レッスン6　保育教諭になること（幼保連携型認定こども園実習）

に関する認定手続等」、第3章のタイトルは「幼保連携型認定こども園」となっているのです。

　「認定こども園法」の「目的」は、第1条において、幼児期の教育や保育の重要性と社会的な環境の変化によって就学前の子どもの教育や保育に対する需要が多様になっていることから、「小学校就学前の子どもに対する教育及び保育並びに保護者に対する子育て支援の総合的な提供を推進するための措置を講じ、もって地域において子どもが健やかに育成される環境の整備に資すること」とされています。

　幼保連携型認定こども園の目的は、第2条第7項で「義務教育及びその後の教育の基礎を培うものとしての満3歳以上の子どもに対する教育並びに保育を必要とする子どもに対する保育を一体的に行い、これらの子どもの健やかな成長が図られるよう適当な環境を与えて、その心身の発達を助長するとともに、保護者に対する子育ての支援を行うこと」とされています[†4]。

　つまり、「学校としての教育」と「児童福祉施設としての保育」を一体的に行うため、原則として保育士資格と幼稚園教諭免許の両方を持った「保育教諭」が勤務するのです。ですから、幼保連携型認定こども園の3歳児以上の平日の4時間の教育時間は、1学級に1人の保育教諭が担任となります。

　幼保連携型認定こども園の具体的な保育内容は、「幼保連携型認定こども園教育・保育要領」に基づいています。「幼保連携型認定こども園教育・保育要領」は、「幼稚園教育要領」や「保育所保育指針」と同様に、「環境を通して教育・保育」を行うことを基本としています。

　幼保連携型認定こども園として特に注意するべきことは、「幼保連携型認定こども園教育・保育要領」第1章「総則」の第3に以下のような内容が記されています。

▶ **出典**
[†4] 「幼保連携型認定こども園教育・保育要領」第1章「総則」第3「幼保連携型認定こども園として特に配慮すべき事項」（2017年3月改正告示）から抜粋・要約

・0歳から小学校就学前までの一貫した教育および保育を、子どもの発達の連続性を考慮して展開していくこと
・一日の生活の連続性及びリズムの多様性に配慮し、在園時間・入園時期・登園日数の違いなどの状況に応じて、教育および保育の内容やその展開を工夫すること
・教育および保育の環境の構成にあたっては、満3歳未満と満3歳以上の発達の特性などを踏まえるとともに、異年齢交流の機会を組み合わせるなどの工夫をすること
・保護者および地域の子育て家庭の支援にあたっては、保護者

75

第1章　保育所・幼稚園・幼保連携型認定こども園での実習

自らの子育てを実践する力を高める観点に立って行うこと

また、「幼保連携型認定こども園教育・保育要領」の第2章では、そのねらいと内容を乳児は**3つの視点**として、幼児は**5つの領域**から示しています。さまざまな年齢の子どもの発達の特性を踏まえ、満3歳未満の子どもについては特に健康・安全や発達の確保を十分に図ること、満3歳以上の子どもについては学級による集団活動のなかで発達を促す経験が得られるように工夫することなどが挙げられています。

幼保連携型認定こども園には、さまざまな子どもがいます。保育を必要とし0歳から入園する子どももいれば、就学前に入園する子どももいます。入園・進級を迎える4月ではない時期に、緊急で入園する子どももいます。これらの集団生活の経験年数が異なる子どもがいることへの配慮が必要です。

また、1号認定の保育時間の短い子どもから、延長保育が必要な保育長時間を超える子どももいます。子ども一人ひとりの状況に応じ、教育・保育の内容や展開に工夫が必要となってきます。

実習では、これらの点に配慮し、幼保連携型認定こども園で勤務する保育教諭の姿を感じ取っていきましょう。

2 子育て支援事業

幼保連携型認定こども園としての必要な機能に、子育て支援事業があります。

子育て支援事業の定義は、「認定こども園法」第2条第12項に記されており、認定こども園には子育て支援事業の実施が義務づけられています。保育所や幼稚園でも子育て支援を行っていますが、幼保連携型認定こども園ではすべての子育て家庭を対象に、子育て不安に対応した相談や親子のつどいの場等を提供する機能を備えることが、認定を受けるための必須要件であり義務となっています。

幼保連携型認定こども園における地域の子育て支援事業には、5つの形があります（図表6-10）。

1つ目は、園庭開放や相談事業などで、地域における子育て家庭の保護者のさまざまな思いに対応し、親しみを持って応じ、細やかな心配りを行うことが求められます。また、子どもが喜ぶ遊びや遊具を提供したり、子どもにも優しく声を掛けたり、遊びに導いたりすることも大切です。

2つ目は、家庭訪問事業などです。家庭訪問などを行うことで、保

◆補足

乳児期の3つの視点
身体的発達に関する視点「健やかに伸び伸びと育つ」、社会的発達に関する視点「身近な人と気持ちが通じ合う」、精神的発達に関する視点「身近なものと関わり感性が育つ」

幼児期の5つの領域
心身の健康に関する領域「健康」、人との関わりに関する領域「人間関係」、身近な環境との関わりに関する領域「環境」、言葉の獲得に関する領域「言葉」及び感性と表現に関する領域「表現」（「幼保連携型認定こども園教育・保育要領」第2章「ねらい及び内容並びに配慮事項」）

レッスン6　保育教諭になること（幼保連携型認定こども園実習）

図表6-10 幼保連携型認定こども園における「子育て支援事業」

子育て支援事業	例
親子が相互の交流を行う場所を開設し、保護者の相談に応じ必要な情報の提供などの援助を行う事業	園庭開放 相談事業
家庭に職員を派遣し、保護者からの相談に応じ必要な情報の提供などの援助を行う事業	家庭訪問事業
保護者の疾病などの理由により家庭において保育されることが一時的に困難になった子どもに対する保育を行う事業	一時保育
子育て支援を希望する保護者と、子育て支援を実施する者との連絡および調整を行う事業	子育てサークル等の情報発信
地域の子育て支援を行う者に対する必要な情報の提供および助言を行う事業	子育てサークルやボランティアの育成支援

護者の子育てへの不安を解消できる相談相手としての役割があります。

　3つ目は、一時保育です。保護者の疾病などの理由により一時的に保護者に代わり、子どもの保育を行います。

　4つ目は、子育てサークルなどの情報発信です。地域で子育て支援を行おうとしている子育てサークルの方への連絡や、子育て支援を受けたい保護者の日程調整などを行います。

　5つ目は、ボランティアの育成支援などです。地域の子育て家庭の保護者だけでなく、子育て支援などを行おうとしている方に必要な情報を伝えることも子育て支援事業の1つとなっています。

　また、子育て家庭の育児不安を和らげ、虐待を防止する役割があることを自覚し、地域の子育て家庭の保護者や子どもだけでなく、地域のボランティアの育成を行うことも子育て支援の一環となります。

　これらの支援を有効にすすめるには、安心して利用できる環境を整えたうえで、幼保連携型認定こども園の職員として子育て支援の重要性を認識し、さまざまな専門性を身につけていく必要があります。

演 習 課 題

①保育所や幼稚園と、幼保連携型認定こども園の違いをあげてみましょう。

②あなたが実習で認定こども園に行った場合、どんな場面に注目して観察を行いますか。具体的に考えてみてください。

③子育て支援については、今のあなたが抱いているイメージはどのようなものでしょうか。また、あなたが利用したいと思う子育て支援について考えてみてください。

レッスン**7**

幼保連携型認定こども園実習の実際と注意事項

幼保連携型認定こども園は、保育士資格取得のための保育実習、および幼稚園教諭免許取得のための教育実習の場として認められています。どの資格免許を取得するための実習であるかを理解して、専門性を学べるように実習に臨みましょう。

1. 実習に臨む前に

1 保育実習として実習に臨む場合

保育士資格取得のための実習である保育実習では、レッスン 3 の「保育所実習の実際と注意事項」を参考に実習を行いましょう。

幼保連携型認定こども園での保育実習では、主に 3 歳未満児（3 号認定の子ども）や長い時間を園で過ごす子どもたちと触れ合うことが多くなるので、**養護の視点が重要**になります。担当する子どもたちの月齢、年齢を知り、乳幼児期の特徴を学びましょう。

2 教育実習として実習に臨む場合

幼稚園教諭免許取得のための実習である教育実習では、レッスン 5 の「幼稚園実習の実際と注意事項」を参考に実習を行いましょう。

幼保連携型認定こども園での教育実習では、3 ～ 5 歳児（1 号認定・2 号認定）の共通時間（4 時間程度）の学級による教育活動が中心になります。もちろん共通時間の教育活動だけではなく、子どもたちの降園後の、その日の保育の振り返りや次の日の準備なども重要なポイントです。保育教諭の動きをよく見ておきましょう。

> **参照**
> 1 号認定、2 号認定、3 号認定
> →レッスン 6、74頁

2. 幼保連携型認定こども園での一日

幼保連携型認定こども園は、施設ごとにさまざまな背景があります。幼保連携型認定こども園として新設したところもあれば、もともと保育所や幼稚園だったところから、県の認可で幼保連携型認定こども園になったところもあります。それぞれの成り立ちによっても教育・保育内

容に違いがでてきます。

　ここでは例として、異なる背景をもつ２つの幼保連携型認定こども園の一日を紹介します。

1　私立保育所から幼保連携型の認定を受けたＡ保育園の例

　Ａ保育園は、保育所から幼保連携型認定こども園として認定を受けた園です。

　開園・閉園時間は保育所のときと同じで、自園調理、子育て支援なども行っていたため、認定こども園になっても生活の流れが大きく変化することはありませんでした。

　なお、認定こども園になってから受け入れた１号認定の子どもたちの降園時間は、午後３時と決めています（図表7-1）。

①共通時間に行う教育について

　保育所から幼保連携型認定こども園に移行した場合、「教育基本法」の学校の定義に基づいた幼児期の学校教育を行うことについて、改めて学ばなければなりません。保育教諭は、１号認定と２号認定の子どもが一緒にいる共通時間に、学級による教育活動を行います。

　Ａ保育園では、３・４・５歳児の登園直後からの外遊び、年齢や発達に応じた教具・教材を使った室内課業、計画に沿った**５領域**に関わる年齢別での活動があります。

◆ 補足
５領域
「健康」「人間関係」「環境」「言葉」「表現」の５つの領域（「幼保連携型認定こども園教育・保育要領」第２章「ねらい及び内容並びに配慮事項」）

図表 7-1 幼保連携型認定こども園Ａ保育園での一日の流れ

時間	０・１・２歳児	３・４・５歳児
7:00	早朝保育	早朝保育
8:00	順次登園（9:00まで）	順次登園（9:00まで）
9:00	室内遊び、おやつ	外遊び
10:00	外遊び	室内課業（年齢・発達に応じた教具、教材）
		異年齢・年齢別活動（教育内容は計画に沿って）
11:00	順次給食	集まり、年齢別活動（５領域に関わる内容）
12:00	昼寝	給食
13:00		昼寝（５歳児のみ室内・外遊び）
15:00	おやつ、集まり	┌１号認定　　降園 └２号認定　　おやつ、集まり（絵本、表現活動等）
16:00	順次降園	順次降園
	時間外保育	時間外保育
18:00	延長保育	延長保育
19:00		

インシデント①：さまざまな子どもを観察できた保育実習

　A保育園で保育実習をしたときのことです。観察実習で、０歳から５歳の活動に１日ずつ入りました。ある年齢の子どもができないことを１歳上の子どもはできていて、こうやって子どもたちは少しずつできることが増えていくのだなと感動しました。２週目は３歳の年齢別活動に入りました。園庭で遊んでいると、園庭開放に来ていた地域の親子がやってきました。３歳の子どもたちは、園庭開放にやってきた年下の子どもたちとも少し一緒に遊ぶ姿がみられました。ふだん保育所にいない子どもたちが、こども園にやってくることを心配していましたが、３歳児たちはいつも年上のおにいさん・おねえさんにしてもらっているような優しい言葉かけを、園庭開放に来た年下の子どもたちにしている姿が見え、とてもうれしく思いました。

　幼保連携型認定こども園では、学校としての教育、および児童福祉施設としての保育を行うことが義務づけられているので、一日の流れのなかに教育の場面も保育の場面もあります。入園している子どもたちの年齢や家庭の背景も、１号認定、２号認定、３号認定によって異なります。このように、さまざまな子どもが一つの場所で過ごすことが、幼保連携型認定こども園の特徴です。

　観察実習においては、さまざまな子ども理解や、教育および保育についての理解が深まる機会になるでしょう。

　また、幼保連携型認定こども園のもう一つの機能として、地域の子どもを対象とした子育て支援事業があるので、地域のさまざまな子どもが集まってきます。園庭開放でやってきた地域の子どもや保護者と触れ合う機会があることは、子どもたちにとっても実習生にとっても貴重な経験になります。

②質の高い保育を行うこと

　A保育園では、３歳未満児は担当制の保育を行っています。担当制とは、基本的生活習慣の自立に向けて、食事、睡眠、着脱、清潔など、毎日担当の保育者が同じ手順・方法で援助することです。そして、子どもとの信頼関係を築いていきます。

　また、３歳未満児は、それぞれの個性や月齢によって成長が大きく異なるので、個々の成長に応じたさまざまな遊びを安定した生活のなかで行う必要があります。腹ばいやはいはいをする子どもには、粗大運動のための場所を確保します。つかまり立ちや伝い歩きができるようになる

地域の子育て支援の場。

と、立ったまま遊べる棚や壁を利用したおもちゃを用意します。指先の発達を促す手づくりおもちゃを用意したり、保育者と一緒にわらべ歌遊びをしたりしています。

3歳以上児については、保育所のころより行っていた異年齢保育を基盤に、学級による集団活動と異年齢での活動を適切に組み合わせて設定するなどの工夫を行っています。

③地域の子育て支援

A保育園では、地域への子育て支援として、ホームページや電話相談、園庭開放のほかに、未就園児の1か月体験保育や母親クラブ・サークル活動、ベビーマッサージなどの体験や公民館への出張保育なども行っています。また、「わんぱくルーム」という地域の方が広く利用できる懇談の場、研修の場も用意しています（写真1）。また、それらの活動をお知らせする情報誌「わんぱく通信」を、地域の公民館やスーパーなどに置いています。

子育て支援を担当する保育教諭は、ふだんこども園に通っていない方への子育て支援となるよう、これらの活動をスムーズにできるように準備をしています。

2 私立幼稚園から幼保連携型の認定を受けたB幼稚園の例

B幼稚園は、幼稚園から幼保連携型認定こども園として認定を受けた園です。短大附属の園で、キリスト教教育を行っています。以前は自園調理ではなかったので、調理室はあまり広くありません。また、幼稚園にはなかった3歳未満児の保育室は増設し、3歳未満児を担当する保育士が増員となりました。

なお、これまで幼稚園であったことから、0歳児は受け入れていません。

①共通時間に行う教育について

B幼稚園の午前中の共通時間の教育については、幼保連携型認定こど

も園になる前と大きな変更はありません。登園後の自由遊びのなかから、子どもたちの興味・関心を観察し、次の日以降の保育のなかに取り入れるようにしています。

また、曜日によって特色教育を行っており、スイミングや体操、英語、造形などを取り入れています（図表7-2）。

② 1・2歳児の保育と預かり保育

B幼稚園の1・2歳児の保育は、保育士経験者が中心となって担当し、安心して過ごせる保育をめざしています。3歳未満児の保育室等の使用や子どもの日課などについての話し合いを繰り返しています。

また、バスでの降園があるため、午後2時30分を区切りに、1号認定の子どもと2号認定の子どもが分かれます。3歳以上児の2号認定の子どもと、1号認定の預かり保育を利用する子どもは、1つの部屋に集まって**異年齢保育**で過ごします。

参照
異年齢保育
→レッスン3、28頁

インシデント②：バスで帰る子と、延長保育に向かう異年齢保育

5月の観察実習のことです。3・4・5歳児は1クラスずつあります。午後2時になると、バスで帰る1号認定の子どもと、延長保育に向かう2号認定の子どもとに分かれて準備をします。1号認定の子どもたちが帰りの支度をしている横で、2号認定の子ども

図表7-2 幼保連携型認定こども園B幼稚園での一日の流れ

時間	1・2歳児	3・4・5歳児
7:00	早朝保育	早朝保育
8:30	順次登園　〜　自由遊び	順次登園　〜　自由遊び
10:00	朝の礼拝	朝の礼拝
	クラス活動・戸外遊びなど	クラス活動・戸外遊びなど
	曜日によって特色教育（わらべ歌・英語など）	曜日によって特色教育（スイミング・体操・英語など）
11:30	給食・歯磨き	
12:00	午睡	給食・歯磨き
12:30		自由遊び（3歳児は午睡）
	帰りの礼拝	帰りの礼拝
14:30	降園（バス利用児）	降園（バス利用児）
		異年齢保育
	おやつ	おやつ
	室内・戸外遊び	室内・戸外遊び
16:30	降園　〜　延長保育	降園　〜　延長保育
18:00	特別延長保育	特別延長保育
19:00		

たちは預かり保育・延長保育の教室へ向かい、異年齢での保育になります。保育者は、バスに乗る人、預かり保育・延長保育を担当する人、教室の掃除を行う人などと複雑でしたが、連携がとれていると感じました。

　保育教諭たちは、一見複雑な動きのようにみえますが、勤務シフトで計画的にローテーションを作成し、保育を行っています。また、保護者に連絡すべき事項が、バス担当の保育教諭にきちんと伝わるような工夫もしています。

　子どもたちは、4月当初は、「一緒に帰りたい」と言う子どもがいたり、反対に「園に残りたい」と言いだす子どももいたようですが、5月ころになると、自分が帰るのか残るのか、理解して行動するようになります。園での生活リズムがわかってくると、スムーズに移動できるようになるのでしょう。

③地域の子育て支援

　B幼稚園は、地域に根ざした幼児教育センターの役割を果たすことをめざしています。子育て支援事業はその一つで、保護者の就労や子育て支援を目的としたクラスや教室を開設しています。1・2歳児の保育体験や**一時預かり保育**、親子サークルなどを行っています。

> **参照**
> 一時預かり保育
> →86頁補足

3　幼保連携型認定こども園の各園の課題と特色

　ここで示した2つの幼保連携型認定こども園の一日の流れは、あくまでも参考例です。保育所がベースとなっているA保育園は基本的な一日の生活には変化がありませんが、学校としての「教育」については、今まで保育所として行ってきた以上の配慮が必要になってきます。また、幼稚園がベースとなっているB幼稚園の場合は、「養護」についての配慮が必要となってきます。これらの課題は、幼保連携型認定こども園としての各園の教育・保育の質を上げていく鍵となります。

　また、ここで紹介した2つの園もそうでしたが、各園でさまざまな特色のある教育・保育が行われています。また、保育所ベースか、幼稚園ベースか、それとも新設園であるかなどの背景、あるいは都市と郊外などその立地環境の違い、園の規模、1号認定と2号認定の子どもの数の比率や3号認定の子どもの数なども、その園の特色となっていきます。実習中にその園の特色を感じ取ったり、保育教諭の動きから学んだりしていきましょう。

　次は、公立の別な幼保連携型認定こども園での実習生のインシデント

83

第1章　保育所・幼稚園・幼保連携型認定こども園での実習

をみてみましょう。

> **インシデント③：メリハリの感じられる生活の時間**
>
> 　５歳児の部屋で実習をしました。子どもの生活の時間は、メリハリがはっきりしているような気がしました。
>
> 　午前中はクラスでの活動を行い、昼食まで同じように過ごします。食事のあと、集まりを行い、２号認定の５歳児はそのまま同じ部屋にいます。１号認定の子どもは少ないので、帰る支度をして、お迎えを待っていました。２号認定の３・４歳児は１つの部屋で午睡をしておやつを食べたあと、５歳児の部屋に合流します。３歳以上児が集まると、各場所で好きな遊びをしていてのびのびとしているような感じがしました。延長保育の時間になると人数は少なくなりますが、さらに３歳未満児も合流し、より家庭のような落ち着いた雰囲気になります。

　幼保連携型認定こども園での３歳以上児の生活は、午前中の教育時間、食事、１号認定の降園と続きます。この降園時間が一つの区切りであり、ここから午後の保育を行っていくという感じです。

　その後の保育の時間は、ただゆったりと過ごすだけではありません。一日の生活の連続性やリズムの多様性に配慮し、子どもたちが安心して活動できる場をつくっていかなければなりません。教育時間と保育時間のつながりも、大事なポイントです。

　保育教諭などは、協力し合い、子ども一人ひとりの健やかな育ちを保証していくための計画も準備しています。

3.　幼保連携型認定こども園における地域の子育て支援について

　子ども・子育て支援新制度において、認定こども園は、「幼稚園と保育所の機能や特長をあわせ持ち、地域の子育て支援も行う施設」[1]と位置づけられています。認定こども園は、園に通っていない地域の子どもと保護者も参加できる親子の交流の場などを設定する施設をめざすという理念があるのです。ですから、今後、実習でも、そうした地域の子育て支援の場に参加する機会が増えることが予想されます。

　幼保連携型認定こども園における地域の子育て支援については、「幼保連携型認定こども園教育・保育要領解説」（2018〔平成30〕年）の第

✚補足

子ども・子育て支援新制度
2012（平成24）年８月に成立した「子ども・子育て支援法」「就学前の子どもに関する教育、保育等の総合的な提供の推進に関する法律の一部を改正する法律」「子ども・子育て支援法及び認定こども園法の一部改正法の施行に伴う関係法律の整備等に関する法律」の子ども・子育て関連３法に基づく制度のこと。2015年度からスタートした。

▶出典

†1　内閣府・文部科学省・厚生労働省「子ども・子育て支援新制度 なるほどＢＯＯＫ　すくすくジャパン！（平成28年４月改訂版）」

4章「子育ての支援」第2節「子育ての支援全般に関わる事項」で、以下のように記されています。

1　保護者に対する子育ての支援を行う際には、各地域や家庭の実態等を踏まえるとともに、保護者の気持ちを受け止め、相互の信頼関係を基本に、保護者の自己決定を尊重すること。
2　教育及び保育並びに子育ての支援に関する知識や技術など、保育教諭等の専門性や、園児が常に存在する環境など、幼保連携型認定こども園の特性を生かし、保護者が子どもの成長に気付き子育ての喜びを感じられるように努めること。
3　保護者に対する子育ての支援における地域の関係機関等との連携及び協働を図り、園全体の体制構築に努めること。
4　子どもの利益に反しない限りにおいて、保護者や子どものプライバシーを保護し、知り得た事柄の秘密を保持すること。

　保育教諭は、地域での子育て支援において、まず第一に、保護者と交流し、子どもへの愛情や成長を喜ぶ気持ちを共感し合うことが大切です。子どもや保護者の実情や意向を受け止め、そのうえで必要な支援をすすめていきます。次に、保護者の養育力向上へつなげていくことも大切です。親子関係をよりよくしていくにはどうすればよいのか考え、子どもと保護者の関係だけではなく、保護者同士や、地域と子どもの関係なども把握し、保護者支援をしていく必要があります。
　最後に、認定こども園だけでなく地域の関係機関との連携も必要です。状況に応じて、園のみで抱え込まず、必要な情報を保護者に適切に提供することも大切です。
　保育教諭には、子どもや保護者の様子や言動などから日常の子育ての実態をとらえ、保護者の抱えている悩みなどを受け止め、信頼関係のもとで助言・提言していくという専門性が要求されます。実習では、保育教諭が保護者と関わっている姿勢に注目して観察してみましょう。
　次は、幼保連携型認定こども園が設定した、地域の親子の交流や子育て相談ができる場に実習で参加したインシデントを見てみましょう。

インシデント④：保護者と話す機会
　観察実習で、地域の公民館での子育て支援の場に行きました。こ

ども園で、（実習期間中）毎日顔を合わせる保護者の方と違い、初めて出会う保護者と子どもに対応をどうしていいものか悩んでしまいました。

観察実習でも、保育教諭の卵として地域の子育て支援に参加している以上、すべての保護者や子どもたちと、心地よいあいさつから交流をしていくとよいでしょう。また、そのような場での保育教諭の言動は、地域の子育て支援の場においてだけではなく、すべての保護者とのコミュニケーションのとり方や対応の参考になります。

次は、地域の子育て支援事業の一つである一時預かり保育を行っている幼保連携型認定こども園の実習生のインシデントです。

インシデント⑤：一時預かり保育の友だち

実習で2歳児の部屋に入りました。火曜と水曜だけ一時預かり保育を利用している子どもがいました。他の子たちとは少し違い、登園してもしばらく保育教諭に抱っこされていました。まわりの子どもたちも、その保育教諭と一緒に遊びたいようなしぐさをしていたので、私がまわりの子どもたちを誘い、ままごとをすることにしました。しばらくすると、保育教諭に抱っこされ泣いていた一時預かり保育の子どもがやってきて、部屋にいるほかの子どもとやりとりをしながら遊ぶ姿がみられました。

幼保連携型認定こども園には、いろいろな子どもたちがいます。ふだん園にいる3歳未満児は保育が必要とされた3号認定の子どもですが、認定されなかった子どもも、子育て支援の一つとしての一時預かり保育で認定こども園にいることがあります。

一時預かり保育の子どもたちは、最初は家族と離れることや、はじめての場所への不安があったりしますが、保育教諭が子どもにしっかりと寄り添うことで、少しずつ園の環境に慣れてきます。

認定こども園や保育所に通っていなかった子どもにとって、一時預かり保育の場は、たくさんの子どもたちと関わるきっかけになります。友だちができることで、家ではできない遊びをすることができます。同年齢の友だちと遊んだり、異年齢の子どもたちと触れ合ったりしながら、子どもの興味・関心が広がっていきます。

一時預かり保育を利用する保護者の状況はそれぞれ異なります。しかし、子育て支援事業を利用するすべての保護者にとって安心して利用で

◆補足

一時預かり保育

以前は、「保護者の疾病などの理由により家庭において養育を受けることが一時的に困難になった子どもに対する保育を行う事業」とされたが、新制度では「急な用事や短期のパートタイム就労のほか、リフレッシュしたい時などに、保育所などの施設や地域子育て支援拠点などで子どもを預かります」「幼稚園で在園児を昼過ぎごろまでの教育時間終了後や、土曜日などに預かります」となっている（内閣府・文部科学省・厚生労働省「子ども・子育て支援新制度 なるほどBOOK すくすくジャパン！［平成28年4月改訂版］」）。

きる環境をつくることが必要です。

4． これからの幼児教育に関わるにあたって

「幼保連携型認定こども園教育・保育要領」は、「保育所保育指針」
「幼稚園教育要領」とともに、2017年3月告示によって改訂されました。
今回の改訂では、5領域のねらいおよび内容が保育所、幼稚園、認定こ
ども園で共通のものとなり、**「育みたい資質・能力」**と**「幼児期の終わ
りまでに育ってほしい姿」**が加えられています。

「育みたい資質・能力」は、小学校以降の教育とのつながりを踏まえて、
以下のア・イ・ウを3つの柱としています[†2]。

（1） 幼保連携型認定こども園においては、生きる力の基礎を
育むため、この章の1に示す幼保連携型認定こども園の教
育及び保育の基本を踏まえ、次に掲げる資質・能力を一体的
に育むよう努めるものとする。

ア 豊かな体験を通じて、感じたり、気付いたり、分かったり、
できるようになったりする**「知識及び技能の基礎」**

イ 気付いたことや、できるようになったことなどを使い、考
えたり、試したり、工夫したり、表現したりする**「思考力、
判断力、表現力等の基礎」**

ウ 心情、意欲、態度が育つ中で、よりよい生活を営もうとす
る**「学びに向かう力、人間性等」**

たとえば、水遊びをとおして得られる「水が高いところから低いとこ
ろへ流れる」「砂が濡れて色が変わる」といった気づきは**「知識」**、ツル
ツルの泥団子をつくるための工夫は**「思考」**で、「もっといいものをつ
くりたい」という意欲は**「学びに向かう力」**です。このように、遊びを
とおした指導のなかで子どもたちは、**「知識・技能の基礎」「思考力・判
断力・表現力等の基礎」「学びに向かう力・人間性等」**の3つの柱を獲
得していきます（図表7-3）。

次に、「幼児期の終わりまでに育ってほしい姿」は10項目あげられて
おり（図表7-4）、「10の姿」とも呼ばれます。

「幼児期の終わりまでに育ってほしい姿」は、従来の5領域を5歳児
の後半くらいにでてくる具体的な姿として表したもので、幼児期の終わ

◆ 補足

**「育みたい資質・能力」
「幼児期の終わりまで
に育ってほしい姿」**

「保育所保育指針」では、
第1章「総則」4「幼児教
育を行う施設として共有す
べき事項」「（1）育みたい
資質・能力」「（2）幼児期
の終わりまでに育ってほし
い姿」に掲載。
「幼稚園教育要領」では、
第1章「総則」第2「幼稚
園教育において育みたい資
質・能力及び『幼児期の終
わりまでに育ってほしい
姿』」に掲載。

▶ 出典

†2 「幼保連携型認定こ
ども園教育・保育要領」第
1章「総則」第1「幼保連
携型認定こども園における
教育及び保育の基本及び目
標等」3 幼保連携型認定こ
ども園の教育及び保育にお
いて育みたい資質・能力及
び「幼児期の終わりまでに
育ってほしい姿」

第1章 保育所・幼稚園・幼保連携型認定こども園での実習

図表 7-3 資質・能力の3つの柱に沿った、幼児教育において育成すべき資質・能力の整理イメージ

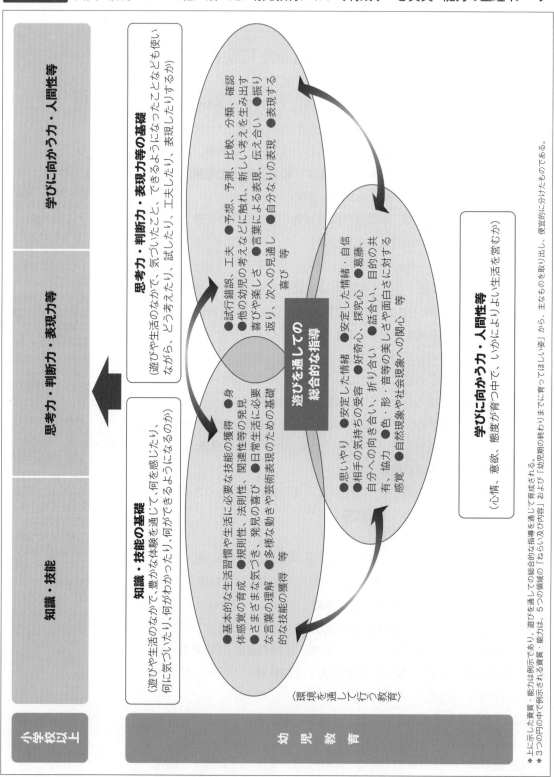

出典：文部科学省「幼児教育部会における審議の取りまとめ（平成28年8月26日）」2016年をもとに作成

レッスン7　幼保連携型認定こども園実習の実際と注意事項

図表 7-4 幼児期の終わりまでに育ってほしい姿（10の姿）

健康な心と体	幼保連携型認定こども園における生活の中で、充実感をもって自分のやりたいことに向かって心と体を十分に働かせ、見通しをもって行動し、自ら健康で安全な生活をつくり出すようになる。
自立心	身近な環境に主体的に関わり様々な活動を楽しむ中で、しなければならないことを自覚し、自分の力で行うために考えたり、工夫したりしながら、諦めずにやり遂げることで達成感を味わい、自信をもって行動するようになる。
協同性	友達と関わる中で、互いの思いや考えなどを共有し、共通の目的の実現に向けて、考えたり、工夫したり、協力したりし、充実感をもってやり遂げるようになる。
道徳性・規範意識の芽生え	友達と様々な体験を重ねる中で、してよいことや悪いことが分かり、自分の行動を振り返ったり、友達の気持ちに共感したりし、相手の立場に立って行動するようになる。また、きまりを守る必要性が分かり、自分の気持ちを調整し、友達と折り合いを付けながら、きまりをつくったり、守ったりするようになる。
社会生活との関わり	家族を大切にしようとする気持ちをもつとともに、地域の身近な人と触れ合う中で、人との様々な関わり方に気付き、相手の気持ちを考えて関わり、自分が役に立つ喜びを感じ、地域に親しみをもつようになる。また、幼保連携型認定こども園内外の様々な環境に関わる中で、遊びや生活に必要な情報を取り入れ、情報に基づき判断したり、情報を伝え合ったり、活用したりするなど、情報を役立てながら活動するようになるとともに、公共の施設を大切に利用するなどして、社会とのつながりなどを意識するようになる。
思考力の芽生え	身近な事象に積極的に関わる中で、物の性質や仕組みなどを感じ取ったり、気付いたりし、考えたり、予想したり、工夫したりするなど、多様な関わりを楽しむようになる。また、友達の様々な考えに触れる中で、自分と異なる考えがあることに気付き、自ら判断したり、考え直したりするなど、新しい考えを生み出す喜びを味わいながら、自分の考えをよりよいものにするようになる。
自然との関わり・生命尊重	自然に触れて感動する体験を通して、自然の変化などを感じ取り、好奇心や探究心をもって考え言葉などで表現しながら、身近な事象への関心が高まるとともに、自然への愛情や畏敬の念をもつようになる。また、身近な動植物に心を動かされる中で、生命の不思議さや尊さに気付き、身近な動植物への接し方を考え、命あるものとしていたわり、大切にする気持ちをもって関わるようになる。
数量や図形、標識や文字などへの関心・感覚	遊びや生活の中で、数量や図形、標識や文字などに親しむ体験を重ねたり、標識や文字の役割に気付いたりし、自らの必要感に基づきこれらを活用し、興味や関心、感覚をもつようになる。
言葉による伝え合い	保育教諭等や友達と心を通わせる中で、絵本や物語などに親しみながら、豊かな言葉や表現を身に付け、経験したことや考えたことなどを言葉で伝えたり、相手の話を注意して聞いたりし、言葉による伝え合いを楽しむようになる。
豊かな感性と表現	心を動かす出来事などに触れ感性を働かせる中で、様々な素材の特徴や表現の仕方などに気付き、感じたことや考えたことを自分で表現したり、友達同士で表現する過程を楽しんだりし、表現する喜びを味わい、意欲をもつようになる。

出典：内閣府「幼保連携型認定こども園教育・保育要領」2017（平成29）年3月31日告示をもとに作成

りに完全にできるようになるという到達目標ではありません。これらの姿が4歳児に突然でてくるということはなく、認定こども園や保育所では0歳児から、幼稚園では3・4歳児からの指導を経て、育まれてくるものです。

　幼児教育施設（保育所・幼稚園・認定こども園）で実習する際には、「育みたい資質・能力」である「3つの柱」を押さえ、「幼児期の終わりまでに育ってほしい姿」（10の姿）の内容を意識しながら、実習に臨んでいく必要があります。

89

第 1 章　保育所・幼稚園・幼保連携型認定こども園での実習

演 習 課 題

①あなたの住んでいる市区町村に幼保連携型認定こども園はいくつあり
　ますか？　また、どのような特色があるかホームページなどで調べて
　みましょう。

②あなたの家の近所の幼保連携型認定こども園の一日のスケジュールを
　調べ、どのような活動を行っているのか調べてみましょう。

③幼保連携型認定こども園に実習に行くことになった場合、どのような
　子育て支援事業を行っているのか尋ねてみましょう。

参考文献

レッスン1
　全国保育士養成協議会　『保育実習指導のミニマムスタンダード2017年版』　2017年
　武庫川女子大学　『保育実習ハンドブック』　2017年

レッスン2
　厚生労働省『保育所保育指針〈平成29年告示〉』フレーベル館　2017年
　厚生労働省『保育所保育指針解説書』　2017年
　厚生労働省雇用均等・児童家庭局長通知「指定保育士養成施設の指定及び運営の基準
　　について」（別紙2）「保育実習実施基準」　2015年
　坂根美紀子・佐藤哲也編著『保育実習の展開』ミネルヴァ書房　2009年
　近喰晴子ほか編、児童育成協会監修『保育実習』（基本保育シリーズ20）中央法規出
　　版　2016年

レッスン3
　園と家庭を結ぶ「げんき」編集部編『乳児の発達と保育——遊びと育児』エイデル研
　　究所　2011年
　待井和江・福岡貞子編『保育実習・教育実習〔第7版〕』（現代の保育学6）ミネルヴァ
　　書房　2012年
　吉本和子『乳児保育——一人ひとりが大切に育てられるために』エイデル研究所
　　2002年

レッスン4
　玉置哲淳・島田ミチコ監修、大方美香ほか編『幼稚園教育実習』建帛社　2010年
　名須川知子・青井倫子編著『幼稚園教育実習の展開』（MINERVA保育実践学講座12）
　　ミネルヴァ書房　2010年
　無藤隆『平成29年告示幼稚園教育要領まるわかりガイド——ここが変わった！』チャ
　　イルド本社　2017年
　百瀬ユカリ『よくわかる幼稚園実習［第二版］』創成社　2011年
　文部科学省『幼稚園教育要領解説　平成20年10月』　2008年
　文部科学省教育課程部会幼児教育部会（第8回）資料2「幼稚園教育要領の改訂にあ
　　たっての具体的な検討の視点」　2016年5月30日

レッスン6
　内閣府・文部科学省・厚生労働省「幼保連携型認定こども園教育・保育要領解説」
　　2014年12月
　内閣府・文部科学省・厚生労働省『すくすくジャパン！　——みんなが、子育てしや
　　すい国へ。〔平成28年4月改訂版〕』（子ども・子育て支援新制度　なるほどBOOK）
　中山昌樹著／汐見稔幸監修『認定こども園がわかる本』風鳴舎　2015年
　無藤隆編著『よくわかる！　教育・保育ハンドブック——幼保連携型認定こども園教
　　育・保育要領に学ぶ　保育の質を上げる10のポイント』フレーベル館　2015年

レッスン7

秋田喜代美編『よくわかる 幼保連携型認定こども園 教育・保育要領徹底ガイド』チャイルド社　2015年

柏女霊峰監修・著／橋本真紀編『子ども・子育て支援新制度 利用者支援事業の手引き』第一法規出版　2015年

内閣府・文部科学省・厚生労働省「幼保連携型認定こども園教育・保育要領解説」2014年12月

無藤隆・汐見稔幸編『イラストで読む！ 幼稚園教育要領 保育所保育指針 幼保連携型認定こども園教育・保育要領 はやわかりBOOK（平成29年告示対応)』学陽書房 2017年

おすすめの1冊

無藤隆・汐見稔幸編 『イラストで読む！　幼稚園教育要領　保育所保育指針　幼保連携型認定こども園教育・保育要領　はやわかりBOOK』　学陽書房　2017年

幼児教育において育みたい資質・能力の3つの柱、幼児期の終わりまでに育ってほしい10の姿など、今回の改定（訂）で押さえておきたいポイントが文章とイラストでわかりやすく書かれている。

第2章

実習日誌とは

本章では、実習日誌の書き方を学習していきます。記録のもつ意味を理解したのち、メモのとり方や、現物の実習日誌を見ながら書き方のきまりを学んでいきましょう。

レッスン8　「記録」と子ども理解

レッスン9　実習日誌の書き方

レッスン **8**

「記録」と子ども理解

本レッスンでは、実習日誌などの「記録」が、よりよい保育者をめざすためになぜ必要なのか、さらには、保育において保育日誌などの「記録」がもつ意味を考えていきます。

1．「記録」から子ども理解を深める

　保育者にとって、「保育の記録」を書くことは、重要な業務の一つです。日々の子どもの遊びや生活の過程を記録することは、自分たちの保育を振り返るときの大切な材料となり、よりよい保育をめざすためには欠かせないものです。

1 「保育所保育指針」にみる「記録」の意味

　2017（平成29）年に改定された「保育所保育指針」の第1章「総則」に、「記録」の重要性が示されています。

> **「保育所保育指針」第1章「総則」3「保育の計画及び評価」**
> **（3）「指導計画の展開」**
> エ　保育士等は、子どもの実態や子どもを取り巻く状況の変化などに即して保育の過程を記録するとともに、これらを踏まえ、指導計画に基づく保育の内容の見直しを行い、改善を図ること。
>
> **（4）「保育内容等の評価」ア「保育士等の自己評価」**
> 　（ア）保育士等は、保育の計画や保育の記録を通して、自らの保育実践を振り返り、自己評価することを通して、その専門性の向上や保育実践の改善に努めなければならない。

改定前の「保育所保育指針」第4章「保育の計画及び評価」にも、「記録」の重要性を同じ文言で示した箇所がありましたが、これが「総則」に示

されるようになったということは、これまで以上に保育における「記録」の重要性が問われるようになったといえるでしょう。こうしたことも踏まえて、実習における「記録」である実習日誌にも取り組んでみましょう。

2 子ども理解を深める手だてとなる保育の「記録」

ドナルド・ショーンは、実践が反復活動になっていたり、決まりごとを行う活動になっている場合、実践家は実践中の行為を考える重要な機会を逃しているかもしれない、ということを述べています[1]。つまり、日々振り返りを行わず、ただ同じことを繰り返し行うようになっていると、何も考えず、当たり前のようにものごとをこなすだけになってしまうというのです。ドナルド・ショーンは、日々振り返りを行い洞察を行う教育者のことを**反省的実践家**としています。

さらに、**児童中心主義**を主張した倉橋惣三も「反省を重ねている人だけが、真の保育者になれる。翌日は一歩進んだ保育者として再び子どもの方へ入り込んでいけるから」[2]と振り返りの重要性について述べています。

保育者にとって、日々の保育を振り返り、次の保育に生かしていくことは、大変重要なことです。そこで、重要になってくるのが、実習日誌などの「記録」です。「記録」は、日々行っていることに意味づけしたり、振り返ったり改善していくための手だてとなるので、**よりよい保育を行っていくうえで必要不可欠なもの**だといえます。

保育実習・教育実習においても、実習中にメモをとり、それを日々まとめて実習日誌を書き、振り返りをすることが求められます。それは、子どもたちの貴重な時間を何気ない関わりで終わらせないためにも大切なことです。そして、毎日の振り返りの際、その記録をとおして感じたことや疑問に思ったことなどを保育者に確認していくことで、新たな発見につながったり、よりよい保育とは何なのかについて考えるきっかけとなることでしょう。

そのためにも、メモや実習日誌には、日々の子どもの動き、遊びの種類、遊びの変化、活動への取り組み手順などを具体的に書いていくことが必要となります。さらに、その時々の子どもの心の動き、そして保育者の動き、実習生の考えなどにもふれた記述が求められます。

また、実際の実習ではうまくいくことばかりではありません。どう動けばよかったのかわからなかったことや、疑問に感じたことなども、メモや実習日誌をもとに、他の保育者の意見を聞き、子どもたちの内面をさまざまな角度からみていくことが、より深い子ども理解につながって

▷**出典**
†1 ドナルド・ショーン／佐藤学・秋田喜代美訳『専門家の知恵――反省的実践家は行為しながら考える』ゆみる出版、2001年

✦**補足**
反省的実践家
ドナルド・ショーン（1930～97年。アメリカの哲学者）は、教育者はたとえ実践中であっても「反省的洞察」を行っていることを指摘し、さまざまな行動そのものに意味や効果を与えている「反省的実践」の大切さを唱えている。

児童中心主義
倉橋惣三（1882～1955年。児童心理学者）の幼児教育思想の特徴の一つとして、児童中心主義があげられる。この思想は、アメリカの新教育運動の影響を受けており、子どもたちが遊びでの経験をとおして主体的にものごとに関わっていくことが子どもの力になるという考えである。

▷**出典**
†2 倉橋惣三、柴崎正行編『幼稚園真諦』フレーベル館、2008年

参照
実習中のメモの取り方
→レッスン9

いくのです。

2．実習日誌は一日を振り返るためのツール

　実習日誌は毎日書くもので、その作業は地道でとても大変だというイメージがあると思います。確かに大変な作業かもしれませんが、実習日誌を書くことは保育者になるためには欠かせない、とても重要な作業となります。

　第一に、実習日誌は**一日を振り返るためのツール**となります。実習日誌を書くことによってその日、自分はどのようなことを行ったのか、子どもたちとどのように関わったのかが明確になります。

　実習中、子どもたちは毎日さまざまな姿を見せてくれます。その子どもたちと同じ空間で過ごすことによって、子どもたちがどのような経験をし、どのようなことを学び、どのように成長しているのかなど、さまざまなことを感じると思います。その感じたことや反省するべきことを、その場のみの出来事にならないようにするために、実習日誌に記述するのです。

　実習日誌は、自分がそのときなぜそのような行動をしたのか、そして子どもたちはどのような反応をし、自分の対応はその子にとって本当に最善のものであったのかどうかなどを振り返るためのツールになります。もちろん、このような振り返りは一人で行うものではなく、担当の保育者や園長先生など、さまざまな人と話し合うことで追求していくものです。その話し合いの内容なども記録していくと、翌日の実習に向けて改善していくことができます。毎日このような振り返りをすることによって保育の質が少しずつ高まり、保育者への道を一歩ずつ進んでいくことになるのです。

　また、実習日誌は「記録」として残るため、**何日経過しても振り返ることができます**。というのも、ほとんどの実習は大学や養成校の夏休みの期間に行われますが、実際に大学や養成校での事後学習が始まるのは数週間後や数か月後になることもあります。そのため、記憶に残っていない出来事も出てくるかもしれませんが、実習日誌をあらためて見ることによってその場面を再度思い出すことができます。また、学校での講義を聞いたあとに、実際に現場ではどのようなことが行われていたか、実際の子どもたちの姿はどうだったのかなど、実習日誌を見返すことによって学びを深めることができます。

さらに、卒業して現場に出ても、「実習中の日誌を読むと、他の保育者がどのような保育を行っていたかを知る手がかりになる」と、卒業生たちは言っています。現場に出ると、実習中のように他の保育者の実践をじっくりみる機会はほとんどありません。実習でみたこと、聞いたこと、感じたことを実習日誌として残すことは、現場に行ってからも役立つのです。「数年前の、はじめて経験した実習で書いた日誌を読み返して、初心に戻り、また新たな気持ちで保育に臨むことができました」という声もよく聞きます。実習日誌はこのように、**皆さんにとっての宝物**のようなものとなります。宝物にするためにも、書く内容を明確にし、役立つものにしていきましょう。

3. 子ども理解の多様な視点

　ここまで述べたように、日々の実習のなかでのメモや実習日誌をもとに、保育者の先生の意見を求め、子ども理解を深めていくわけです。以下に、実際に実習生が子どもとのかかわりでとまどったなどという「記録」と、それに対しての保育者の先生からのアドバイスを紹介します。
　「記録」をもとに振り返ることで、どのように子ども理解を深め、さらにはよりよい保育につながるのかを考えていきましょう。

写真1

AくんとBくんがつかみ合いのけんかをし始めたため、その援助に入った場面。

インシデント①：けんかの対応（4歳児）
　原因のわからないけんかを目の当たりにした際に、どのように話しかけたりすればいいかがわからず、ただ止めることしかできなかった（写真1）。話を聞くと「〜された」と一人の子は言ってきたが、もう一人の子は「してない」と言って、本当のことがわからなかった。
〈先生からのアドバイス〉
　手がでるけんかである場合、まずは止めるということが先決なの

で、止めたことはよかったと思います。このようなけんかの際、子どもが自分たちで考えて、さまざまな問題を解決していくことが大切になります。ですから、保育者が一方的に話しかけるというよりは、**子どもたち同士で話し合いができる雰囲気**が必要になります。

　泣いている場合や、また手をだそうとしているときは、まずは落ち着かせることが大切です。なだめたり、膝の上に座らせたりすると、しだいに落ち着き、お話ができるようになります。その後、何があったのか、どうしてそのようなことになったのかを聞いていきましょう。

　その際、今回のようにお互いに言っていることが違ったりすることもあります。そのようなときは、まわりで見ていた子どもに聞いてみたり、「お互い違うことを言っていたらわからないんだけど、本当のことをお話ししてほしいな」など、実際に何があったのかがわかるように根気強く問いかけましょう。それ以外は基本的に子どもたち同士で話し合うようにすすめていくことが大切です。しかし、そうはいっても、なかなか話が続かなかったり、すぐに立ち去ろうとしてしまうこともあるので、できるだけ近くで見守り、話が途切れそうなときは保育者が間に入り、それぞれの思いを伝えていくことも大切です。

　よくあるのが、泣いている子の話ばかりを聞いて、泣いていない子への配慮が足りないことがあります。泣いている子からけんかをしかけたという場合もあるので、じっくり話をしていきながら、お互いの思いを聞きだしていきましょう。何よりも、それぞれの子どもの実態を把握しておくことが最も大切になります。その子のけんかの原因は家庭的なものから来ていることもあったりするので、保育者になった際には、その子の行動のみから判断せず、その子の家庭背景も頭に入れて援助していくことが求められます。

インシデント②：嫌いなものを食べてくれない（3歳児）

　何度も食べてもらえるように声かけをし、口に運んでみたが、まったく口を開けず、食べようとしてくれなかった（写真2）。

〈先生からのアドバイス〉

　その子が嫌いな食べ物を把握し、おなかがすいているときに最初に食べるように声かけをしてみると、食べてくれたりすることもあります。特に、遊びが充実したあとには食べてくれることが多いので、遊びの状況も把握したうえで声かけを工夫してみましょう。

写真2

Aくんの嫌いな食べ物をなんとか食べてもらおうと声をかけている場面。

　また、私たち保育者がおいしそうに食べているところを見せるということも効果的です。わざと、その子の前でその子の嫌いなものを口に入れて「すごい！　おいしい！」と言っていると、急に食べだした子もいました。年齢が上がれば上がるほど好き嫌いを克服することが難しくなるので、早めの段階で、さまざまなことを試すことが大切になります。

　他にも、すりつぶしたり、細かく切ってあげたりすると食べるということもあります。無理に食べさせるということは極力避け、嫌いなものはお皿に分け、何度も目に入るようにし、子どもたちが自発的に食べたくなるような工夫をしていきましょう。

　何よりも、最も大切だと思うことは、楽しく食べるということです。楽しい雰囲気であれば、知らない間に「食べた！」ということもあったりします。子どものころは特にそうした気持ちの面で左右されることが多くあります。お昼を食べるときのグループはできるだけ仲のよい子の隣にいくようにしたり、保育者が近くに座ってその場を盛り上げるということもします。私たちはその子にとって給食の時間が嫌いな時間にならないように心がけています。

　また、子ども理解を深めるうえで遊びについても、子どもたち同士での遊びや保育者と子どもとの遊び、一人で黙々とする遊び、二人での遊び、集団での遊びなどを把握していく必要があります。人数やその遊びの内容など、さまざまな種類があり、そこから多様な遊びに展開していきます。単に「楽しそうに遊んでいるな」という視点で遊びをみるのではなく、そこにある保育者のさまざまな「意図」に気づき、それを「記録」に残していくことが、のちに自分が保育者になった際の**環境構成のヒント**にもなっていきます。

　たとえば、一人で黙々と砂場で遊んでいる子どもがいたとき、保育者がどのような動きをしているか、みてみましょう。保育者は、その子の

第2章　実習日誌とは

遊びがさらに展開し、他の子どもたちとの関わりが生まれるよう、見えるところに砂場遊びで使用できるさまざまなおもちゃを置きます。そして、その近くで保育者が遊びつつ、保育者と子どもと関わり、子ども同士のつながりができるようにしている姿がみられます。

　ここでの保育者の「意図」は、砂場に興味をもった子どもの遊びが豊かに展開するよう、まわりに興味がわくような玩具を置き、子どもたち同士の関わりが生まれるように、保育者がまずは子どもと関わることによってその仲介役になっているところだといえます。

　保育者はここにあること以上にさまざまな意図をもち、環境構成や子どもへの支援を行っています。実習生は、そのさまざまな意図を把握し、「記録」をとっていくことが求められます。

　そして、子ども理解は、部分実習や責任実習の「ねらい」と「内容」を立てる際にも必要となってきます。子ども理解がしっかりできていないと、この「ねらい」と「内容」を書くことができません。

　たとえば、折り紙の部分実習を行う際、そのクラスの子どもたちがこれまでにどれくらい折り紙をした経験があり、どのようなことまでできるか、どのようなものに興味があるのか、などといったことが把握できていないと、部分実習の「ねらい」や「内容」を書くことができないのです。これまでに折り紙をどれくらい折ったことがあるかという経験によって、実習で行う折り紙の難易度は変わります。さらに、何を折るかを決める際には、子どもたちはどのようなものに興味や関心があるのかということを把握していないと決めることができません。そして、折り紙の内容が簡単すぎても、難しすぎてもおもしろくないものになってしまう可能性があります。少し手を伸ばせばできそうなもの、子どもたちの**チャレンジ精神をくすぐるようなもの**を子どもたちに提供していくことが求められます。

　これらのことを実行するためにも、それらを考えるもととなる詳細な「記録」が大切になります。ただし、難易度に関しては、実習期間のみで子どもたちの成長を把握することが難しい場合もあるため、担当の先生に子どもの実話を聞くなどして一緒に考えていきましょう。

参照
部分実習、責任実習
→レッスン5

参照
「ねらい」「内容」
→レッスン9

4．エピソード記録とその書き方

　「記録」にはさまざまな種類がありますが、ここではエピソード記録の書き方について説明していきます。エピソード記録とは、印象的だっ

たことについて、その出来事を中心に詳細に書くことです。

　学生の皆さんはエピソード記録という言葉は聞いたこともないという方もいるかもしれませんが、保育の分野においてエピソード記録は保育を振り返ったり、改善していくためのツールとして多用されています。

　エピソード記録を書く際に注意してほしいのは、自分がしたことや自分が思ったことを中心にしてはいけない、ということです。エピソード記録には、子どもたちが何をし、どのような思いでその場にいたのか、どのような学びをしているかなどについて書いていくことが求められます。ですから、主語を「子ども」にして書いていくとよいでしょう。

　また、エピソード記録は保育の子どもたちの姿や活動内容をただ書くだけでなく、**子どもの内面（心の動き）をとらえようとするもの**で、子どもの学びや育ちを読み取って書けるようになっていくことが必要になります。しかし、子どもの学びや育ちを読み取って書くことは、簡単なことではありません。そこで、まずは写真や動画を見て、そのときの子どもの気持ちやどんな工夫をしているかなどを読み取る練習をしていくとよいでしょう。

　たとえば、次の写真3を見て、子どもたちが何をしているところか、そして、この遊びをしているときの子どもの気づきや工夫している点などを想像してみましょう。

写真3

〈学生の回答例〉
- どうやったら泥団子をうまくつくれるかな？（つくり方の工夫）
- 砂に水をかけると固めやすくなる。（砂の性質）
- この道具はどうやって使うのだろう？（道具の使用方法）
- 水を運ぶことって難しいな。（水の性質）
- 道具を使ってさまざまな形に変化させる。（図形や数量）

・泥団子のつくり方について友だちとさまざまな情報を共有する（人間関係）

　このように、写真から何をしているかをまずは想像し、そこからどのような遊びなどが展開されるかなど、さまざまな回答が考えられるようになると思います。
　子どもたちがどのようなことを学んでいるかについて考えるのは少し難しいかもしれませんが、その遊びから子どもたちがどのようなことに気づいているか、どのように遊びが発展していくのか、どのような工夫が行われるのかなどを考えていくようにしましょう。すると、子どもたちが遊びをとおして何を学んでいるかが少しずつとらえられるようになります。
　最後に紹介するインシデントは、外遊びのときに実習生が印象に残った子どもたちと保育者の姿をエピソード記録で記したものです。

写真4

インシデント③：見守りの事例
　ふだんは外の遊びがあまり好きではなく、屋内で遊んでいることが多いA児は、この日、園庭の裏にある森で遊んでいた。いつも仲良くしているB児とともに森を探検することになったようである。
　B児は外遊びをしていることが多く、楽しそうに、遊びながらどんどん森の奥にすすんでいく。A児もなんとか食らいつこうとするが、なかなかそのスピードについていけていない。どんどん離されるA児は離れていってしまうB児を呼び止めることもできず、B児が見えなくなってしまったところでとうとう泣きだしてしまった。A児の担任は近くにいたが、泣いているA児を助けようとはせず、先にすすんでいき、先のほうからA児を見ている。このとき、実習生は「先生がA児を助けようとしないのには理由がある」と思い、自分も助けすぎないよう、気をつけて近くにいるようにした。
　A児は何度かB児の名前を呼ぶものの、B児のところまで声が届

くことはない。どんどんさびしい気持ちになってきたのか、涙が止まらなくなってしまうが、Ａ児は先生がみてくれていることに気づく。そして、Ａ児は泣きながらもなんとかＢ児を追いかけ始める。Ｂ児は森のさまざまな草木に興味をもち始め、一定のところで止まって遊んでいたため、Ａ児はＢ児の見えるところまで行くことができた。

　しばらくして、Ａ児が近くに来ると、泣いているＡ児にようやくＢ児が気づいた。Ｂ児はそのとき、Ａ児の気持ちをくみ取ったのか、「大丈夫？」と声をかけ、Ａ児はその言葉に対して小さな声で「うん」と答えた。するとＢ児がＡ児にそっと手を差し出し、一緒に森をすすんでいった。

　担任の先生は、その姿を見て、泣いても最後まであきらめずに頑張ったＡ児と、Ａ児が困っていることに気づいて手を差し伸べたＢ児をその場で褒めた。

　Ａ児が泣いている場にいた実習生は何度もＡ児を助けようとしたが、Ａ児にはいつも室内でさまざまなものを黙々とつくり、何があっても最後までやり抜く力があることを知っていたこともあり、見守ることを優先した。担任も近くにいたので、細心の注意を払いながらそのような子どもたちの様子を見守っていた。

　この事例から実習生が、Ａ児のさまざまな思いをくみ取りつつ、あえて手を出さず見守るという行為を行った担任の先生の姿に気づいたことが記録されていることがわかります。これを読んで、以下の演習課題に取り組んでみましょう。

演 習 課 題

①この記録から、追いかけているときのＡ児がどのような気持ちだったか、なぜ担任の先生は泣いているＡ児を助けようとはしなかったのかを考えてみましょう。

②この記録から、Ａ児とＢ児はどのようなことを感じ、どのような成長をしているかを考えてみましょう。

③「見守る」ということが幼児教育で大切にされている理由を考えてみましょう。

レッスン**9**

実習日誌の書き方

本レッスンでは、「記録」の一つである実習中のメモのとり方と実習日誌の書き方について学びます。メモをもとに実習日誌を書くことでその日を振り返り、どのようなことがあり、そこから何を学んだのか、わからないことはどのようなことだったのかなどを意識化していくことが求められます。

1．実習中のメモのとり方とタイミング

日々の実習日誌のもととなるのは、実習中にとったメモです。

メモは、実習中、子どもたちの対応をしながら、とることになります。しかし、メモをとり慣れていないためか、「メモをとるタイミングがわからない」「どのようなことをメモすればいいのかがわからない」といったことを実習生からよく聞きます。そこで、まずはどのような視点をもって、どのようなタイミングでメモをとればよいのかについて述べていきます。

1 観察のポイントとメモをとるタイミング

メモをとる以前に、基本的に、まずは子どもたちをじっくり観察することから始める必要があります。観察することで、実習先の保育所や幼稚園などでの一日の大まかな流れがわかり、そのなかで子どもたちとの関わりをとおしてさまざまな気づきが生まれます。まずは観察をとおして、一日の大まかな流れを把握していきましょう。

子どもたちの過ごしている保育所や幼稚園などの**一日は連続的**です。それぞれの活動はつながっていますが、まず、**活動内容が変わる際に、**いつ何を行ったかということをメモしていきます。そして、心に響いた一連の出来事や、子どもたちとの関わりをとおして感じたこと、気づいたことなども、メモしておくとよいでしょう。もちろん、自分と子どもとの関わりのみでなく、保育者と子どもとの関わりや子ども同士の関わりについてもメモしておきます。

ただし、できる限り保育の邪魔にならないように、**子どもたちに気づかれないようにメモをとる必要があります**。保育中にメモをとってよいかどうかは、実習先での事前のオリエンテーションなどの際に確認して

おきましょう。

2 子どもを見る視点を確認してメモをとる

実習中にとるメモは、その後に実習日誌を書く際や、先生方との振り返りを行う際に、役立つものでなければなりません。ですから、**実習日誌に書く内容**や、**子どもを見る視点**などについても、実習先での事前のオリエンテーションで確認しておくことが大切だといえます。

メモをとるには、目の前で起こっている出来事をただ漠然と見ているのではなく、その子は何に興味を感じ、どのようなことに夢中になり、どのような気持ちになっているかなど、子どもたちの会話や様子などから子どもを理解していくことが求められます。

よく実習中にみられるのは、子どもたちと無理に関わろうとしすぎている実習生の姿です。子どもたちがどのような遊びをし、どのようなことに興味を抱いているかなどを把握しないまま関わってしまうと、子どもたち独自の世界を壊してしまう可能性があります。まずは観察をとおして、子どもたちがどのような遊びをし、その遊びのどういう点に興味を抱いているか、どのような気持ちなのかを把握しましょう。そのうえで、近くへそっと行き、同じ遊びをしてみたり、子どもたちに声をかけてもらうまで近くに座っているなど、子どもたちの世界を壊さないようにすることが大切です。

幼児教育では「見守る」ということを大切にしています。「見守る」ということは、何もせずにただ見ておくということではありません。

それぞれの成長過程や個性の理解をもって、子どもたちの力を信じて、あえて手出しせず様子を見守る、ということです。そうした意識をもった見守りは、子どもたちに安心感を与えます。

この「見守る」という保育は、年齢が上がっていけばいくほど増えていきます。それにはさまざまな理由がありますが、一つには、就学までに、子どもたち自身で問題を解決していく力を育てることが大切であるとされているからです。そして、子どもが自分たちでさまざまな問題を解決していこうとする力は、**信頼できる保育者が近くで見守ってくれて**

写真 1

手出ししすぎないよう見守る。

第2章　実習日誌とは

いる（すぐに伝えられる）という**安心感**があるときに特に発揮されるものです。また、保育者は、一人ひとりの子どもが自分自身で課題をみつけ、その課題に立ち向かっていく姿を見守りながら、その子にとって必要な環境を整えるという間接的な支援も行っています。

このような子どもを見る視点を認識したうえで観察してメモをとっていくと、何気なく遊んでいる子どもの姿からさまざまな物語が見えてくると思います。何も意識せずにみていると見逃してしまうかもしれない誰も何も語っていないような一場面にも、さまざまな物語が潜んでいます。そこに、保育のおもしろさがあるのです。そして、その物語を読み取れる力を身につけることこそが、保育者に求められていることだと思います。

また、子どもたちが創造しながら楽しんでいる世界観を読み取れたとき、子どもたちのもっている能力の高さに気づかされることと思います。そこに引き込まれ、子どもたちのなかで繰り広げられている世界のおもしろさがわかったときこそ、遊びがさらに広がるようにさまざまなことを仕掛けていけるのではないでしょうか。そのようなやりとりをメモして記録し、さらに実践に反映させていくことが求められています。

2．実習日誌の記入ポイントや内容について

1 記入のポイントと注意点

実習日誌を書く際にも大事なのは、**一日の保育の流れを把握して書く**ということと、**長く書きすぎない**ということです。

一日の保育の流れなので、それぞれの活動が変わったところなど、ポイントを押さえて書いていきます。感想も、それぞれの場面を細かく書いていくというよりも、一日の流れのなかで感じた点、振り返りをとおして次にどのように生かしていくかということを書いていく必要があります。

また、担当の保育者から助言していただいた際には、そのことを必ず記入し、反省点として認識したうえで今後どのように改善していくかを書きましょう。

実習日誌の具体的な書き方は、実習先の保育所や幼稚園などによっても異なります。そのため、事前のオリエンテーションで、記入方法などについて打ち合わせをしておきましょう。大学や養成校などの講義では、一般的な実習記録の書き方を学びますが、現場に即した書き方を学んで

106

レッスン9　実習日誌の書き方

図表9-1 実習日誌を見やすくする方法の例

時刻	子どもの活動	保育者の援助と環境構成	実習生の援助・留意点
9:30	○登園し、支度をする。（シール貼り、コップ、タオルを出す）	・子どもと元気に朝のあいさつをし、十分に視診する。	・登園した子ども一人ひとりにていねいに声をかける。
	・自由遊び（ままごと）　　横のラインをそろえる		・ままごとのイメージに合わせられるように遊ぶ。・子どものイメージを理解できるように、できるだけ子どもの言葉を引き出したり聞くようにする。
	・片づけをして、トイレに行く。　余裕があれば、少し隙間を空けると、活動の区切りがわかりやすい	・遊んだ玩具の片づけを促す。片づける場所を伝えながら、一緒に片づける。	・子どもたちが片づけられるように一緒に運ぶ。
9:50	○おはじまり・歌を歌う（おたまじゃくし、カエルのうた、おはようのうた、どんぐり、手をたたきましょう）	・子どもたちの活動をリードするようにピアノを弾く。子どもたちを認め、意欲的に表現し、歌を楽しめるよう援助する。	・おはじまりの様子をみる。・歌を子どもと一緒に歌う。・歌う子、歌わない子の様子をみて、そのときの保育者の対応をみる。
	・出席、自分の名前をマイクに向かって言う。	・名前を言う子だけでなく、言えない子にはそっと後方から耳元でささやき、子どもが言いやすいように言葉をかける。	・子どもの名前を覚える。

いくことが求められています。

　図表9-1に、一般的な実習日誌として、「子どもの活動」「保育者の援助と環境構成」「実習生の援助・留意点」に分けた例を紹介しました。このように区分されている場合は、記載する活動ごとに横のラインをそろえるように心がけましょう。書くスペースに余裕があれば、それぞれの活動の隙間を空けると、活動の区切りがわかりやすくなります。

　以下に、実習日誌を書く際によく指摘される注意点をいくつかあげてみます。

①ていねいに書く

　実習日誌は、担当の保育者や園長、主任等に見ていただくものです。また、よりよい保育を求めるコミュニケーションのためのツール（道具）となります。ですから、当然のことですが、字はていねいに書き、誤字

参照
実習日誌の例
→巻末資料

107

脱字のないように注意しましょう。

②子どもの実名を記入しない

実習日誌には、子どもやその家族の**プライバシー**や**個人情報**に関わることが記載されることもあります。ですから、実習日誌には、子どもや保護者の実名は記入しないようにしましょう。「Aくん」「Bちゃん」というようにアルファベットで表記したり、名前の頭文字のアルファベットのみを使用したり、仮名にしたりします。

このようなことも実習先によって異なりますので、事前のオリエンテーションで確認しておきましょう。

③現在形で書く

実習日誌は、その日にあった出来事を記録にしていくため、過去形で書きそうになりますが、その時点（場）での**子どもの動きや心の変化、保育者の関わり、実習生の関わり**について書いていくものです。**現在形**で書くようにしましょう。

④ボールペンで書く、修正テープは使わない

実習生が書くものですが、実習日誌は公的記録です。鉛筆ではなく、**ボールペン**を使います。当然、消えるボールペンの使用は許されません。

前述しましたが、誤字脱字のないように注意しつつ、できるだけていねいな字で書くようにしましょう。それでも間違った場合は、修正テープを使わず、一般的には、誤字の修正は修正箇所に2本線を定規で引き、訂正印を押すようにします。ただし、それぞれの保育所・幼稚園などによって修正の仕方も異なるので、事前のオリエンテーションで確認しておきましょう。

⑤その他の注意点

- 「（子どもに）～させる」ではなく、「（子どもが）～する」や「（子どもは）～していく」という表現を使う。
- 「促す」という言葉を多用せず、「声をかける」「見守る」「援助する」などと表現する。
- あいまいに「○○等」と書くのは、できるだけ避ける。
- 保育者や自分の行動を書くだけでなく、行動の意図（なぜそうしたのか）までを書く。
- 「（子どもは）～ができる」「（子どもは）～ができない」という表現でなく、「（子どもは）～をしようとしている」「（子どもは）～をしようとする姿はみられるが、難しいこともある」「（子どもには）～する力が育ちつつある」などと表現する。
- 話し言葉ではなく、書き言葉で書く。

レッスン 9　実習日誌の書き方

２　実習日誌の内容

実習日誌の形式にはいろいろなものがあります。ここでは、一般的な実習日誌のスタイルを想定して、それぞれの欄に記載される内容、記載のポイントなどを解説します。

①基本的情報の欄

実習日誌には、「日付」「天候」「クラス名」「出席人数」など基本的な情報を記入する欄があります。その日に行われた活動は何人で行われ、天候によってどのような活動を行うことになったのかなどを把握する手がかりになります。

たとえば、人数が偶数か奇数かによってグループ分けを調整したり、天候が雨の場合は屋内での活動となるため、屋内でも子どもたちが楽しめる環境を工夫する姿がみられるでしょう。また、季節によっても行う活動内容はがらりと変わります。

そのような情報をとらえることによって、そのクラスの基本的な情報や雰囲気などを把握するきっかけとなります。

②「ねらい」と「内容」

また、実習日誌には「実習のねらい」を書く欄があります。ここでは、具体的に**実習生としてどのようなことを学びたいか**ということを明確にしていく必要があります。

たとえば実習初日であれば、**見学・観察実習**がメインになると思いますが、一日の流れを把握しつつ、子どもたちとどのように接するか、またどのような点に着目し、子どもたちの姿をとらえていくかということを「ねらい」として記載していく必要があります。

たとえば、実習初日、０歳児クラスに入ったある実習生の設定した「実習のねらい」は、「０歳児クラスの一日の流れの観察と、遊び方の月齢による差異を知る」でした。このように、より具体的に学びたい内容を設定し、「実習のねらい」を明確にもち、子どもたちを見ていく視点を定めることで、さまざまなことに気づき、新たな学びにつながるのです。

そして、学ぶ視点を明確にすると実習日誌は書きやすくなり、記述の内容が定まるようになっていきます。

また、日々の保育においては、担任・担当保育者の「ねらい」と「内容」を書く欄がある実習日誌があります。「内容」というのは、日々の保育の「ねらい」を達成するために子どもに経験してほしい事柄です。保育者は、子どもの実態に即したその日の保育の「ねらい」を立て、「内容」を決めています。ですから、この「ねらい」と「内容」は、実習生が考えて設定するのではなく、そのクラスの担当保育者にその日の「ねらい」

参照

見学・観察実習
→レッスン５、57頁

109

第 2 章　実習日誌とは

と「内容」を聞いて書くことになります。

　また、保育者は「ねらい」を書く際、今回の改訂で新しく示された**資質・能力の３つの柱**である「知識・技能の基礎」「思考力・判断力・表現力等の基礎」「学びに向かう力、人間性等の基礎」を意識していくことになります。

　その「ねらい」をもとに保育を行うため、保育者は意図をもって子どもたちに援助するようになります。つまり、「ねらい」から保育者の行動の意図を読み取ることができるでしょう。

　たとえば、その日の「ねらい」が「友だちと協力して遊ぶことを楽しむ」であれば、友だちと協力して遊べるように保育者が環境構成や言葉かけを工夫しているはずです。このような工夫に気づき、保育者の意図を読み取れるようになるためにも、「ねらい」や「内容」を書く欄がなくても、事前に担当保育者に聞いて把握しておくことがさらなる学びにつながります。

　しかし、部分実習や責任実習における「ねらい」の設定は、担任の先生と話し合って実習生が決めます。実習生の考えのみで「ねらい」を立てることもあるため、自分はどのようなことをやりたいのか、その活動を行うことで子どもたちにどのような力を身につけてほしいのかを事前にある程度、明確にしておく必要があります。

　ただし、前述したように、「ねらい」を達成するためにどのようなことを行うかを具体的に書いたものが「内容」ですから、「ねらい」の設定は、子どもたちの実態に即したものであることが重要だということを意識しておきましょう。

③「時間」

　この欄には登園から降園までの子どもの生活の一日の流れを時系列（時間の経過）に沿って記入していきます。

　実習日誌に関するアンケートを行った際、どのような点で困ったかという質問に対して最も多く見られたのは、「時系列に並べて書くことに苦労した」という回答でした。

　実習日誌を時系列に書くためには、実習中にメモをとるときに、活動の切れ目（変わり目）となる時間を意識して記録しておくことが大事です。そして、それを日誌に反映させていくようにします。

　そうすることで、「何時からどのような活動を行ったのか」「片づけにはどれくらい時間がかかるのか」などについて理解することができます。これは、部分実習などにおいて自分で保育を計画する際に、必要な情報になります。たとえば、制作で活動の導入に保育者がかけている時間や、

参照

資質・能力の３つの柱
→レッスン 7、図表 7-3

参照

部分実習、責任実習
→レッスン 5

レッスン 9 実習日誌の書き方

　その後、子どもが折り紙を折るのにかかった時間なども記録しておくと、だいたいの目安がつくようになり、自分で指導案を立てる際の時間配分を計画できるようになります。

　そのほかにも、たとえば給食の時間では、給食を準備するためにかかる時間、配膳をするまでにかかる時間、食べ終わる時間などを記録しておきましょう。また、活動と活動の間には、子どもたちはトイレに行ったり手を洗いに行ったりします。すべての子どもがトイレに行って帰ってきた時間や、手を洗って戻ってくるまでにかかった時間などを記録しておくと、責任実習を行う際に、計画がスムーズに立てられるようになるでしょう。

④「子どもの活動」

　ここでは、子どもが行った活動について書いていくことになるので、もちろん**「子ども」を主語**にしますが、すべてにおいて「子どもが○○する」というように書くのではなく、「順次登園する」「順次降園する」などと省略して記載し、現在形で表現します。

　また、一日の流れを把握しやすいように「○」と「・」で使い分けていくとよいでしょう。**「○」は大きな活動**で、**「・」はそのなかに含まれる細かい内容**として使い分け、少しずらして書きます。

　ここで大切なのは、子どもの生活の流れを把握するとともに、さまざまな活動に取り組む順序やその時々の子どもの動きなどを具体的に書くことです。たとえば、「○自由遊びの時間（室外）」に書く内容としては、好きな遊びを選んで遊んでいる様子（遊びの種類）や、何人でどのような遊びが展開されているかなどについて書いていきます。

　ただし、あまり詳細すぎるのも、かえって読みづらくなったり、振り返りの際のポイントを絞りづらくなります。どの程度の記載が適当かは、実習先によっても異なりますので、その指示どおりに書くようにしましょう。

　図表9-2に、記入の事例を紹介しましたので、参考にしてください。左の欄くらいの具体的な記述が望ましいでしょう。

図表9-2 実習日誌の事例（子どもの活動）

〈具体的な動きなどを書いている例〉	〈簡潔に書いている例〉
○順次登園する。 ・あいさつをし、保育者に昨日の出来事を話す。 ・お帳面にシールを貼りながら、日にちや曜日などを友だちと確認する。 ・登園用の服を脱ぎ、きれいに畳んだあと体操服に着替える。	○順次登園する。 ・あいさつをする。 ・お帳面にシールを貼る。 ・体操服に着替える。

111

また、「登園」から「降園」までに子どもはそれぞれの場面において
どのような反応をしたか、どのような行動をしたのかなど、その日に立
てられた保育者の「ねらい」や「内容」から見た子どもたちの様子を記
入していきましょう。

⑤「保育者の援助と環境構成」

　この欄は、保育者が行った活動について書くので、**「保育者」を主語
にします。**しかし、単に保育者の行動を書いていくのではなく、保育者
がどのような意図をもって子どもたちへの援助を行ったかなどについて
も書いていく必要があります。たとえば、登園時の場面において、「子
どもたちに声をかける」と記入するだけでなく、「子どもたちに声をか
けつつ健康状態を把握する」といったように、声をかけながら本当は何
を知ろうとしているかまで書くことが求められます。

　図表9-3に、記入の事例を紹介しました。左の欄のような記述を心
がけましょう。

　また、図表9-1にあるような「子どもの活動」の欄に書いた「○」や「・」
に対応する形で書くことを意識しましょう。

　「環境構成」については、保育者がどのような意図で環境を整備し、
そのなかで子どもたちの遊びがどのように展開されているか、子どもた
ちの安全はどのように確保されているかといったことなどを文章や略図
で図示していきます。特に、一斉保育の際には、机の配置や一つの机に
何人座るか、材料をどれくらい準備しているかなどを書いていく必要が
あります。ただし、一日の環境構成すべてを書くのではなく、主要ない
くつかの場面を選択し記録していきます。また、図示する際には定規を
使用し、ていねいに書きましょう。

　そして、環境構成には、保育者がさまざまな意図を込めた工夫が行わ
れています。その意図を読み取り、なぜその場所にそのような空間があ
るのか、なぜそのような配置にされているかなどを記録していくと、そ
れに対して子どもたちは環境にどのように関わっているかを見ることが
できるようになります。このことを意識しておくと、保育者になった際、

図表9-3　実習日誌の事例（保育者の援助と環境構成）

〈保育者の意図まで書いている例〉	〈保育者の行動だけを書いている例〉
・笑顔で子どもを迎えながら、子どもの表情を確認する。 ・保護者と会話しながら、子どもの様子を観察し、健康状態を確認する。 ・自分で着替えている姿を近くで見守り、スムーズに着替えられるよう働きかける。	・笑顔で子どもを迎える。 ・保護者と会話する。 ・自分で着替えている姿を近くで見守る。

レッスン9　実習日誌の書き方

さまざまな意図をもちながら環境構成が行えるようになり、そのことによって、子どもたちがその環境にどのように反応するかを観察する目を養うことができるようになるでしょう。

⑥「実習生の援助・留意点」

　ここでは、「実習生（自分）」を主語にし、子どもや保育者の動きに対して実習生（自分）がどのように動いたか、子どもたちとの関わりをとおしてどのような気づきがあったのかを記録していきます。

　つまり、「したこと」や「言ったこと」を単に記入するのではなく、**どのような意図をもって行動したのか**ということを書いていかなければなりません。とった行動の事実だけでなく、なぜそうしたのかまでを書くようにします。

　たとえば、着替えの場面では、「着替えにとまどっている子が数名いたため、少し離れた位置で見守りつつ、手伝ってほしいと言われたときは、極力自分で頑張れるような声かけをしたり、最後は自分でできるところまでを手伝う」というような記述が必要です。このような書き方をすると、なぜそのような行動をしたのかが明確になり、振り返りを行う際にも、担当保育者からアドバイスがもらいやすくなります。

　図表9-4の左の欄のように、自分の行動の意図まで書くようにしましょう。

　実習が始まって数日は、担当の保育者の指示を受けて動くことがほとんど中心となるかもしれません。しかし、日々の子どもたちの生活のなかでは、けんかなど、待ったなしの状況が多々あり、子どもたちへの対応が即座に求められることがあります。その際には臆することなく、自分で考え、その場で対応していきましょう。そして、どのように考え、なぜそのような行動や言葉かけをしたのかなどについて余裕があればメモをとり、そこで感じたことや疑問に思ったことなどを実習日誌に記録していきましょう。

　保育者は子どもたちへの適切な援助をすることが求められますが、それは何の経験もなしにできることではありません。さまざまな経験をし

図表9-4　実習日誌の事例（実習生の援助・留意点）

〈行動の意図まで書いている例〉	〈行動だけを書いている例〉
・子どもたちに安心感を与えられるよう、一人ひとりに笑顔で声をかけつつ迎え入れる。 ・子どもたちが着替えている姿を見守りつつ、手伝ってほしいと甘えてきても、自分の力でやってみようと思えるように言葉かけをする。	・子どもが安心して登園できるよう、笑顔で迎える。 ・子どもの着替えを見守る。

113

第2章　実習日誌とは

て、そのつど、その対応でよかったのかどうかを議論していくことで適切な援助へと近づけていくのです。そのため、反省会でメモや実習日誌をもとに相談し、保育者から指導を受けましょう。

⑦「一日の感想・反省」

この欄には、実習をするなかで感じたことや思ったこと、困ったこと、反省を書きます。

反省といっても、ただ単に「そのときの子どもの対応をこういうふうにしておけばよかった」などということを書くのではありません。「**なぜ子どもへの対応をそのようにしたのか**」や「**その対応によって子どもにどのような影響があり、どうすべきだったか**」など、自分なりにさまざまな行動を分析し、その日に起こったことを整理しつつ、次にどのようにつなげていくべきかを記述していく必要があります。

つまり、記録では書ききれなかった具体的な子どもの姿や保育者の子どもへの関わり方、実習生として子どもと関わって感じた点などを記述していくことになります。

さらに、その日の「実習の目標」が達成できたのかどうかについても書いていきましょう。ただし、ただ単に達成できたかどうかを書いていくのではなく、「どのようなときにどのようなことをしたことによって達成できたと感じたのか」、達成できなかったのであれば、「なぜ達成で

図表9-5　実習日誌の事例（一日の感想・反省）

○**実習の目標**（子どもの様子や3歳児に対する保育者の援助の仕方について観察する。）

　今日は、はじめて実習を行ったこともあり、子どもたちにたくさん話しかけられるのがうれしくて、活動に移るときなどでも話がうまく切れず、先生がそれぞれの子どもたちにどのような言葉かけを行っておられたかをみることができていないときもありました。特に、目の前の子どもたちの姿にとらわれてしまい、全体をみることがまったくできていませんでした。

　振り返りの際に、先生からご助言いただいたように、今後は壁に体を向けることを避け、クラスの端にいるときは中心に体を向けるようにし、子どもたちの全体の動きを意識しつつ子どもたちに関わっていきたいと思います。

　また、具体的にどのような援助をみてよいかがわからず、とまどった点が多くあったので、もう少し実習の目標の焦点を絞り、観察していきたいと思いました。

きなかったと思うのか」という理由についても書いていきましょう。図表9-5に、その事例を紹介しました。参考にしてください。

演 習 課 題

①今日一日の自分の行動を実習日誌の記入例のような書き方で書いてみましょう。

②今日一日の自分の行動で印象に残っている場面の環境構成を書いてみましょう。

③今日一日の行動を振り返って一日の感想・反省を書いてみましょう。

参考文献‥‥‥‥‥‥‥‥‥‥‥‥‥‥‥‥‥‥‥‥‥‥‥‥‥‥‥‥‥‥‥‥‥‥‥‥‥‥‥

レッスン8、レッスン9

小田豊・森眞理・湯川秀樹編著 『幼稚園・保育所実習』 光生館 2002年

小田豊・中坪史典編著『幼児理解からはじまる保育・幼児教育方法』 建帛社 2010年

菊池明子 『幼稚園教育実習ハンドブック』 明治図書 2005年

教育・保育実習を考える会編 『幼稚園・保育園実習の常識』 蒼丘書林 1995年

小林育子・長島和代・権藤眞織・安齊智子 『幼稚園・保育所・施設 実習ワーク』 萌文書林 2006年

清水陽子・門田理世・牧野桂一・松井尚子編著 『保育の理論と実践』 ミネルヴァ書房 2017年

相馬和子・田中カヨ子編著 『幼稚園・保育所実習 実習日誌の書き方』 萌文書林 2004年

田中まさ子編 『幼稚園・保育所実習ハンドブック』 みらい 2011年

寺田清美・渡邊暢子監修 『保育実習 まるごとガイド』 小学館 2012年

吉田眞理編著 『生活事例からはじめる。保育実習』 青踏社 2012年

前橋明編著 『保育・教育施設実習』 ふくろう出版 2004年

松本峰雄監修 『流れがわかる、幼稚園・保育所実習』 萌文書林 2015年

無藤隆監修、鈴木佐喜子・中山正雄・師岡章編著 『よくわかるNew保育・教育実習テキスト（改訂第3版）』 診断と治療社 2017年

門谷真希・山中早苗編著『保育の指導計画と実践 演習ブック』 ミネルヴァ書房 2016年

久富陽子編著 『保育の学び──スタートブック』 萌文書林 2012年

おすすめの1冊

小田豊・中坪史典編著 『幼児理解からはじまる保育・幼児教育方法』 建帛社 2010年

本書では、幼児理解を起点とする保育実践サイクルが提示されている。また、保育の質を向上させるために、日々の保育を振り返る際の記録がなぜ重要であるかということについて事例を踏まえながらわかりやすく説明している。

第3章

指導案とは

本章では、実習生が主となって保育を担当する指導実習について学んでいきます。現物の実習指導案を見ながら書き方の決まりについて理解しまよう。

レッスン10　指導実習と実習指導案の作成

レッスン11　実習指導案の書き方の実際

レッスン10

指導実習と実習指導案の作成

実習では、実践力を向上するための機会として、実習生が主となって保育を担当する指導実習が行われます。本レッスンでは、指導実習時に必要となる実習指導案作成の基本について学びます。実習指導案の考え方、書き方を理解し、担任保育者と連携をとりながら、よりよい指導実習につなげていきましょう。

1. 指導実習において実習指導案を作成することはなぜ大切か

参照
部分実習、責任実習
→レッスン5

実習では、保育者に代わって実習生が保育の一部を担当する指導実習が行われます。指導実習には、一日のある時間帯のみを担当する「部分実習」と、一日または半日を担当する「責任実習」があります。まずは部分実習を経験し、責任実習は実習の最終段階で実施されるなど、段階を踏みながら実施されることが多いと思います。いずれの指導実習でも、それまでの観察・参加実習で学んだことや、そこで得た子ども理解をもとにしながら、保育の計画、準備、実践までのすべてを行うことで、保育者として必要な実践力を培う機会となります。

こうした指導実習において必要になるのが指導計画としての実習指導案の作成です。保育者として成長していくために、指導案を作成することがなぜ大切か以下の点があげられます。

1 指導計画への理解を深めるために

◆補足
指導計画の重要性
2017（平成29）年改定（訂）された「保育所保育指針」「幼稚園教育要領」「幼保連携型認定こども園教育・保育要領」では、教育および保育や子育て支援などのさまざまな計画が関連をもって一体的に展開していけるよう、「全体的な計画」を作成するよう明記されている。また、計画の実施と改善が保育の質の向上に重要であることが明記されるなど、保育における計画の重要性が、これまで以上に求められている。

保育所、幼稚園、認定こども園では、園ごとに教育および保育の内容や子育て支援等のさまざまな計画が立てられています。そして、各園の子どもの発達の実情に照らし合わせながら、それぞれの発達の時期にふさわしい生活が展開されるよう、具体的な指導計画つまり「指導案」を作成し、保育を行っています。

具体的には、年、学期、月など長期的な発達を見通した長期の指導計画と、週や日などの短期の指導計画が作成されており、それらに基づいて日々各クラスで保育が展開されています。このように保育は、長期と短期の指導計画が互いに関連し合い、昨日、今日、明日と日々のつながりを見いだしながら展開されていくのです。

こうした保育の具体的な流れについて理解を深めることも、将来、保

育者となるためにはとても重要なことです。そのため、実習生も指導実習では、実習期間中の配属クラスの計画を踏まえ、日々の保育とのつながりを考えながら実習指導案を作成する経験をすることで、指導計画への理解を深めていくことができるのです。

2　目の前の子どもたちにふさわしい生活、遊びになるために

　実習生も、できることならば自分の行う保育が子どもの育ちや、今の幸せにつながってほしいと願っていることでしょう。そのためには、一方的に実習生が活動を提供するのではなく、その活動が子どもの興味・関心に基づいたもので、子ども自身が主体的に取り組んでいけるような活動にしていくことが大切です。そのためには、保育者が事前に、今の子どもの興味・関心について考えたり、子どもが主体的に活動するために、保育者はどのような間接的な援助を行っていくか、どのようなときには直接的な援助を行うのかなど、子どもがいきいきと遊ぶための保育の流れを考えることが必要になります。

　もし、子どもの実態と合わない活動を一方的に提供しようとすると、さまざまなトラブルが発生することもあります。特に低年齢の子どもでは、運動発達の実態などと合わないような活動を一方的に提供すれば、けがにつながるおそれがあります。安全に活動をすすめるためにも、子どもの実態に合った計画を考えていくことが重要です。

3　活動の質を高めるために

　まだ保育に不慣れな実習生は、よりよい活動をしたいと思っても、どのように考えたり、計画を改善すればよいか往々にしてわからないことが多いと思います。事前に実習指導案を立て、担任保育者からアドバイスをもらうことで、活動の質を高め、子どもたちが遊び込んでいける指導実習にしていくことができます。

インシデント①：魚釣り遊びにリアリティを
　配属クラスの5歳児クラスでは、園外保育で水族館に行ったり、保育者が知り合いからもらってきたザリガニに親しむ姿などがありました。そうした生き物への関心の高まりを踏まえて、部分実習で魚釣り遊びをすることにしました。事前に保育者に作成した指導案を提出したところ、担任から「子どもが書いた魚の絵を切り取って、それを釣ることにしたんだね。5歳という年齢を考えると、もう少し本物の魚釣りらしさを味わえると、もっと子どもは遊び込めると

思うよ。魚に少し重さを出して、釣ったときの手応えを感じられるようにしてみたり、釣り竿も少ししなるように工夫してみると楽しくなるかもしれないね」とアドバイスをもらいました。

そこで、子どもが描いた魚にベニヤ板を貼り付けて重みをだしたり、釣り竿も少ししなりがでるよう、細くて強度もある木を探すなどして実践しました。すると子どもはダイナミックな魚釣りに熱中し、自ら何枚も釣ってみたい魚を描く子どもや、しなる竿を友だちと協力して持ち、一緒に魚を釣り上げようとする姿がみられました。

担任の配慮もあり、自由遊びの時間にも引き続き魚釣りができるように環境を整えたことで、この遊びはその後1週間も続きました。

このように実習指導案を事前に担任と共有することで、よりよい活動の視点となるアドバイスをいただけることもあります。そうしたアドバイスを真摯に生かしたことで、実習生は、どうすれば子どもが遊び込める活動になるかを考えていく視点を学ぶとともに、保育の喜びを実感することができました。

反省から学ぶことも実習では大切ですが、少しでも質の高い活動を考え、実践し、子どもが遊び込む姿をとおして感じる学びや喜びも、よりよい保育をめざしていくうえでは大切なことです。

4 思いや願い、意図のある保育ができるように

もし、あなたが指導実習をしている最中、次のような出来事があった場合、どのようにして対応するでしょうか。

インシデント②：「先生、手伝って」
4歳児クラスでは、着替えについて子どもが自立できるよう、朝、登園すると子どもたちは着替えをすることになっていました。実習生の私も責任実習の際に、朝登園してくる子どもとあいさつをするなど関わりながら、着替えの様子を見守っていました。すると、私のそばにGくんがやってきて、「先生、頑張ったんだけど、バッジが付け替えられないから手伝って」とお願いにきました。

このように子どもが援助を求めてきたとき、どのように援助するかはさまざまです。十分頑張って自分でバッジを付けようとしていた意欲を認めて、手伝ってあげることもあれば、もう少しでできそうだと思ったら、自分でできた達成感が味わえるように、再度挑戦させ、そばで見守

りながらアドバイスを送ることもあるかもしれません。また、Gくんが
困っていることに周囲の友だちが気づき、手伝ってあげようとする子ど
もが現れるように、それとなく振る舞うこともあるかもしれません。

　どれが正解というのはありませんが、保育では、こうした場面こそが、
子どもの育ちにつながるチャンスとなります。実習ではよく「どこまで
手伝っていいのか、どこから見守ればいいのかわからない」と、援助の
判断基準で悩むことがつきものです。まだ保育に慣れないうちは、事前
に実習指導案を作成することで、生活や遊びのさまざまな場面で大切に
したいこと、意図したいことを自覚化しておくことが、さまざまな状況
に自分なりの意図をもって対応することにつながっていくのです。

2．実習指導案作成の手続き

１▶ 実習指導案を書く前に

　指導実習における実習生への指導は、実習先により方針が異なること
があります。インシデント①のように事前の準備段階から積極的に保育
者からのアドバイスを受けてすすむパターンもあれば、事前はあまり助
言をせず、反省会を重視するパターンなど、方針は園によりさまざまで
す。それと同様に、指導案の作成方法や、指導実習本番に至るまでの手
続きも園により異なります。そこで、実習指導案の作成や活動内容を考
えていくうえで、図表10 -1にあげた項目を、事前のオリエンテーショ
ンで自ら確認しておきましょう。

図表 10-1 実習指導案について事前に確認しておきたいこと

●**実習指導案作成のために事前に確認しておきたいこと**
・指導実習の日程
・配属クラスの指導計画（月案や週案）を見せていただく
・園の備品で使用させていただけるものの確認
・活動時間と場所の確認（どのくらいの時間どこで活動してよいか）
・実習指導案の書式で園独自のものがあるか
・実習指導案の書き方で、実習園で特に留意すべきことがあるか

●**実習指導案提出に関して事前に確認しておきたいこと**
・実習指導案（下書きおよび清書したもの）の提出日
・実習指導案の提出部数
・書き間違えた際の修正方法（修正テープ使用可能か、訂正印が必要かなど）
・鉛筆書きでの提出か、ペン書きでの提出か（消せるボールペンの使用は控えましょう）

第3章　指導案とは

2　指導実習と実習指導案提出の流れ

　図表10-1のような事前の確認を踏まえて、指導実習に関する大まかな流れは、図表10-2のようになります。

　ただし、実習先によっては、まだ子どもと関わりを十分もっていない実習開始直後（または実習開始時）に実習指導案を提出するようオリエンテーション時に伝えられることがあります。こうした場合も想定して、**オリエンテーション時にも実習指導案についての確認しておきたいこと**（図表10-1参照）を尋ねる準備をしておくとよいでしょう。

　また、実習指導案をきれいな状態で提出できるよう、学校名や氏名を書いたクリアファイルを数枚準備しておきましょう。

参照

事前のオリエンテーションで確認しておきたいこと
→レッスン1、図表1-9

参照

指導案の項目
指導案の項目の多くは実習日誌（流れ型記録）と書き方が類似しているため、レッスン9も参考にすること。

図表10-2 指導実習と実習指導案提出の流れ

①指導実習日時が確定する
　↓　　図表10-1を参考に確認する
②実習指導案（下書き）を作成する
　↓　　下書き提出日までに作成
③実習指導案を担任の先生に見てもらい、指導を受ける
　　↓　　指導を受け、活動内容を変更したり、教材研究を深める
④指導を受けた箇所を修正し、清書して指導案を提出する
　　↓
⑤指導実習当日
　　↓　　反省会の実施
⑥実習指導案の「反省・考察」欄を記入し、翌日に実習記録とともに提出する

3．実習指導案作成の手順と考え方

　実習指導案の様式は、決まったものがあるわけではありません。各養成校が独自で作成していたり、実習先で独自のものが用意されている場合もあります。ここでは、「環境構成」「予想される乳幼児の活動」「実習生の援助・配慮」に区分した実習指導案を設定して解説していきます。

　実際には、「環境構成」と「実習生の援助・配慮」が一つの欄になっているものなど、その形式はさまざまであることを覚えておきましょう。

　いずれにしても、実習指導案の各項目の考え方は共通しています。また、実習指導案にはさまざまな項目がありますが、どの項目から書いてもよいわけではなく、図表10-3の①から⑨の順番に書いていくなど、一定の順序があることを覚えておきましょう。次ページに実習指導案の例を示します。

レッスン10　指導実習と実習指導案の作成

図表10-3　保育実習指導案の例

○月　○日（○）　　　○時　○分　〜　○時　○分　　　　　　　○○○○組　○歳児　　○名	
①実習クラスの実態	クラスの全体的な姿、気にかけておきたい個別の子どもの姿について、「どのようなことに興味・関心をもっているか」「どのようにして遊びに取り組んでいるか」「どのようにして友だちや人と関わっているか」の視点からとらえる。加えて、「子どもに育ってきていること」「まだ十分には育っていないことや、気になること」などについても記載。
②ね　ら　い	クラスの実態を踏まえてその日の保育をとおして育ってほしいことをより具体的に考える。「保育所保育指針」「幼稚園教育要領」「幼保連携型認定こども園教育・保育要領」を参照し、子どもに育みたい資質・能力である「知識及び技能の基礎」「思考力、判断力、表現力等の基礎」「学びに向かう力、人間性等」の3つの柱を意識して考える。
③内　　　容	「ねらい」を達成するために、具体的な保育のなかで指導する事項や、経験させたいことについて記載する。「内容」は「ねらい」を受けて設定されるため、「ねらい」との整合性を考えて記載する。
④主な活動	「ねらい」や「内容」を踏まえて、実際にどのような活動を行うか記載する。

展　開　過　程	⑤時刻	⑥環境構成	⑦予想される乳幼児の活動	⑧実習生の援助・配慮
	活動の区切りごとに、時間配分などの予定を記載する。	「ねらい」の達成につなげていけるよう、保育者が構成する環境について図と文を使って記載する。 ※図には文章で記述した内容の配置をできるだけ細かく書く。 「準備しておくもの」「必要な空間」「必要な時間」「雰囲気」などについて考え、環境構成の意図（「〜できるように」「〜のために」）＋具体的な環境構成（「〜を準備する」「〜を置いておく」）などと記載する。	活動の区切りとなるものを大項目として「○」で表し、その活動のなかの詳細な内容は「・」で表す。 責任実習では、前日までの生活の流れを参考に、一日の流れに沿って各種活動を記載しながら、「主な活動」など新たに必要な活動内容を考える。 部分実習では、「導入」→「展開」→「まとめ」の順を参考に展開の流れを考える。	「ねらい」の達成と関連する意図のある援助、またトラブルなど想定される状況に対応するための、実習生が子どもに行う直接的な援助を記載する。援助・配慮の意図（「〜できるように」「〜のために」）＋具体的な援助・配慮（「受け止める」「一緒に行う」）などというように記載する。

⑨反省・考察	指導実習を振り返り、「ねらいや内容の妥当性」「活動内容、題材の妥当性」「準備、事前の想定」「活動の流れ（導入・展開・まとめ）、実施形態は適切だったか」「環境構成、援助」「子どもの様子、子ども同士の関わり」などの点から振り返り、反省や学びを具体的に記載する。
指導評	

123

第3章　指導案とは

1　実習クラスの実態（子どもの姿）

　子どもたちは楽しく遊んだり、いろいろなことに挑戦したりして、日々成長しています。それを見守る保育者は、子どもたちの姿にさまざまな「意味」と日々の連続に「つながり」を見いだし、次の計画を立てたり、必要な支援を考えたりします。そうした視点こそが保育者の専門性であるといえます。指導実習においても、最初に行うべきことは、子どもたちの現在の姿を観察し、子ども理解を深めることです。

①どのようなことを書くのか

　指導実習を行うクラスの子どもの姿について、そのクラスの全体的な姿、気にかけておきたい個別の子どもの姿について記載します。その際、子どもの姿をとらえる視点として、

- ・どのようなことに興味・関心をもっているか
- ・どのようにして遊びに取り組んでいるか
- ・どのようにして友だちや人と関わっているか

などを意識するとよいでしょう。

　ただし、興味・関心一つをとっても、非常に多くの事柄があげられるでしょう。そのため、部分実習の場合などは、これから計画を立てようとしている活動に関連する姿を考えていくと、子どもたちの様子がわかってきます。次に、子どもの様子から、

- ・子どもに育ってきていること
- ・まだ十分には育っていないことや、気になること

などについても考えていくことで、これからの保育の方向性をより意識化することにつながります。

②書く際に注意したいこと

　子どもの姿をとらえる際は、事実を記述できるよう、「〜している様子が見られる」「〜に興味をもち、〜している」などというように、客観的に記述するよう心がけましょう。また、個別の子どもについて記載する際は、個人名をださず仮名で「A児」などの表記方法にしましょう。この点に関しても、実習先の方針に従いましょう。

参照
個別の子どもの名前の記載
→レッスン9

2　ねらい

　ねらいとは、子どもに保育を通じて育みたい資質・能力に関することです。このねらいは、「実習クラスの実態（子どもの姿）」で得られた、子どもたちに育とうとしているもの、これから育てていきたいことなどをもとにしながら、どのように育ってほしいのかを考えます。

①どのようなことを書くのか

クラスの月案や週案を参考にしたり、担任と相談をしながら、指導実習の日の保育をとおして育ってほしいことをより具体的に考えます。その際、「ねらい」（育みたい資質・能力）を考える視点として

①豊かな体験を通じて、**感じたり、気付いたり、わかったり、できるようになったりする**「知識及び技能の基礎」

②気付いたことや、できるようになったことなどを使い、**考えたり、試したり、工夫したり、表現したりする**「思考力、判断力、表現力等の基礎」

③心情、意欲、態度が育つ中で、**よりよい生活を営もうとする**「学びに向かう力、人間性等」

上記を意識して、育ってほしいことを考えていきましょう。また、「保育所保育指針」「幼稚園教育要領」「幼保連携型認定こども園教育・保育要領」では、育みたい資質・能力を子どもの生活する姿から捉え、発達の側面からまとめた「ねらい」が示されています。3歳以上では**5領域**の観点から、教育に関わる側面のねらいがあげられているので参照するようにしましょう。加えて、2017年に改定（訂）された「保育所保育指針」「幼保連携型認定こども園教育・保育要領」では、新たに**乳児保育に関わるねらい**、1歳以上3歳未満の保育に関わるねらいも示されています。特に実習では1歳児クラス以上で指導実習を行うことが多い傾向にありますが、**1歳以上3歳未満の保育に関わるねらいも5領域**の観点からまとめられているため、領域を意識したねらいの立て方を行うことが大切になってきます。

②書く際に注意したいこと

「ねらい」は、2つ程度がいいでしょう。「ねらい」は、その活動に子どもがどのように関わり、どのような意欲や態度が育ってほしいかということですから、「社会性を身につける」「体力をつける」などの抽象的な到達目標のような記述は避け、その活動に即した具体的な文章表現になるよう意識しましょう。また、「保育所保育指針」等であげられている「ねらい」は、育ちの方向をとらえるための大きな「ねらい」のため、記載されている「ねらい」をそのまま用いるのではなく、そのときの子どもの実態に応じてより具体的な「ねらい」を考えることが必要です。

3 内容

「ねらい」を達成するために、具体的な保育のなかで指導する事項や、

◆ 補足

資質・能力

乳幼児期は遊びの中で、心身全体を働かせて活動するため、諸能力が個別に発達していくのではなく、相互に関連し合い、総合的に発達していく。そのため、実際の指導場面では、「知識及び技能の基礎」「思考力、判断力、表現力等の基礎」「学びに向かう力、人間性等」を個別に取り出して指導するのではなく、遊びを通して一体的に育んでいけるよう留意することが大切とされている。

5領域

「健康」「人間関係」「環境」「言葉」「表現」の5つの領域（「幼保連携型認定こども園教育・保育要領」第2章「ねらい及び内容」並びに配慮事項）

参照

「ねらい」を考える視点
→レッスン7

◆ 補足

乳児保育に関わるねらい
1歳以上3歳未満の保育に関わるねらい

「保育所保育指針」第2章「保育の内容」の1「乳児保育に関わるねらい及び内容」および2「1歳以上3歳未満児の保育に関わるねらい及び内容」参照。
「幼保連携型認定こども園教育・保育要領」では、第2章「ねらい及び内容並びに配慮事項」の第1「乳児期の園児の保育に関するねらい及び内容」と第2「満1歳以上満3歳未満の園児の保育に関するねらい及び内容」を参照。

経験させたいことについて考えます。

①どのようなことを書くのか

「ねらい」と「内容」の違いに苦戦する実習生が多いようです。

「内容」は、子ども自身が経験する具体的な動き方や活動の仕方を意識して記述します。そのため文末が「〜して遊ぶ」「〜する」などの表現が多くなるでしょう。たとえば、「仲間に入ろうとする友だちを受け入れて一緒に遊ぶ」「遊びに必要なものを、自分なりのイメージでつくる」などという具合です。

②書く際に注意したいこと

「内容」の欄には、「魚釣り遊びをする」など活動名ではなく、具体的に経験してほしいことを記述するように気をつけましょう。

また、「内容」は「ねらい」を受けて設定されるため、整合性があることが大切です。複数の「ねらい」を立てている場合には、それぞれの「ねらい」と対応した内容が書かれているか注意しましょう。

4 主な活動

「ねらい」や「内容」を踏まえて、実際にどのような活動を行うか考えます。

①どのようなことを書くのか

保育における活動には、保育者が環境を用意し、子どもは一人ひとり自分なりにやってみたいことを自発的に遊ぶといった子どもの「自由な遊びの延長・発展型の活動」と、保育者が活動の題材を提案し、どちらかといえばクラス全体で遊びをすすめていく「題材提案型の活動」があります。指導実習では、「題材提案型の活動」が選ばれることが多いのが現状です。この場合、ねらいや内容を踏まえて、「絵本の読み聞かせ」「制作活動」「運動遊び」などというような活動の大枠を考えます。このとき実習生が活動の大枠を考える場合と、担任から活動の大枠を指定される場合などがあります。そして、

・選んだ活動の大枠に関し、これまでどのような題材を経験したか

・子どもが興味・関心をもてそうか

・季節に合った活動か

・子どもが理解できる遊びの内容か

・子どもができそうな活動か

など、過去に行った遊びや、今の子どもの興味・関心、子どもの技能的な側面などを勘案して、具体的な活動内容を決定します。

レッスン10　指導実習と実習指導案の作成

②書く際に注意したいこと

　部分実習で絵本や紙芝居などの読み聞かせをする場合は、作者名や出版社名も記述しましょう。歌なども同様です。使用する実習指導案に「主な活動」の欄がない場合や、責任実習において主な活動以外で読み聞かせなどをする場合は、「予想される乳幼児の活動」の欄に記載をします。

5 時刻

　活動の区切りごとに、時間配分などの予定を考えます。

①どのようなことを書くのか

　責任実習の場合は、「登園する」「給食を食べる」などの一日のなかの活動の区切りごとに、おおよその目安となる時間を考えます。子どもの一日の生活は、一定のリズムで行われることが大切です。そのため、実習日誌などの記録を参考にしながら、日々の生活の流れを踏まえて考えるとよいでしょう。

　また、部分実習においては、「子どもが集まるのに必要な時間」「導入の時間」「移動や材料を配るのにかかる時間」「活動を展開する時間」「まとめや片づけの時間」「活動終了時間」など、与えられた時間のなかで、活動内容のおおよその時間配分を想定しながら考えていくため、時間は基本的には「予想される乳幼児の活動」の流れに沿って記載されます。

②書く際に注意したいこと

　活動に対して時間を細かく設定しすぎると、保育中に時間を意識するあまり、保育者の一方的な指導や管理が強くなることも考えられます。あくまでも目安となる時間について考えるようにしましょう。

6 環境構成

　子どもが主体的に活動を経験し、「ねらい」の達成につなげていけるよう、保育者が構成する環境について考えます。

①どのようなことを書くのか

　子どもの活動や動きは環境構成のあり方によって大きな影響を受けます。よりよい環境構成によって、子どもが主体的に遊び、活動が自然と発展していくことができます。ここでいう環境とは、「物的環境」だけでなく、「人的環境」「活動に必要な空間」「活動に必要な時間」「雰囲気」なども含めます。活動に必要な環境を考える視点として、

- **準備しておくもの**：材料、用具、道具、机やいすなど、必要なものの具体的な数量、それらを構成するタイミング、配置
- **必要な空間**：場所の広さ、コーナーのつくり方、子ども同士の間隔、

127

作品の置き場所や展示場所、保育者の立ち位置
・**必要な時間**：ゆったり遊べる時間の確保、1回のゲーム時間の目安
・**雰囲気**：楽しい雰囲気、落ち着いた雰囲気、BGM

などについて考えておくことが大切です。

　必要な環境構成を考えたら、あらためて、なぜそのような環境を構成することが必要なのかを考えます。環境構成において大切なことは、そのように環境を構成する「意図」を自覚化することです。この意図には、「養護的な意図」（安全に関する意図、安心に関する意図など）と「教育的な意図」（より活動が深まり、ねらいに近づけるような意図など）があります。たとえば、紙飛行機を飛ばす活動をするならば、「飛ばした紙飛行機が友だちの目などに当たらないよう、飛ばす位置に線を引いておき、一方向に飛行機を飛ばせるようにしておく」といった場合は、「養護的な意図」といえます。一方、「より遠くに紙飛行機を飛ばそうという意欲がもてるように、目当てとなる線を引く」といった場合は、「教育的な意図」といえます。このように、環境構成は、その意図までを考えて文章化することが大切です（図表10-4）。

　このように、意図のある環境構成を考えていくなかで忘れてはならない視点は、そのなかのいくつかは「ねらい」の達成と関連のある意図を考えることが大切だということです。「ねらい」が達成されるためには、ただその活動を経験すればよいのではなく、そのなかで保育者の意図的

図表10-4 環境構成欄の文章化の仕方

環境構成の意図	具体的な環境構成
「〜できるように」 「〜のために」	「〜を準備する」「〜を置く」 「〜を確保する」など

図表10-5 環境構成図の例

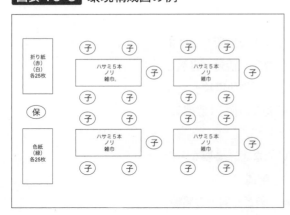

図表10-6 イラスト例

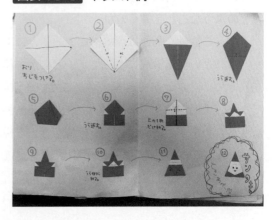

な配慮が必要です。実習指導案を作成したあと、「ねらい」と関連のある意図に線を引くなどして、チェックしておきましょう。

また、必要に応じて、視覚的に構成すべき環境が理解できるよう、環境図を考えます。その際には定規を使用し、ていねいに描きます。また、保育者や子どもを「㋐」（保育者）や「㋙」（子ども）と表記したり、いすや机を「○」（いす）や「□」（机）と表記するなどし、活動の際の人や必要なものの位置関係がわかるように描きます（図表10-5）。制作活動など、準備物の個数（予備を含む）、種類、大きさ、長さ、色や配置が重要な活動では、子どもが作業する机の上に置く道具や材料の数などまで記載しておくとよいでしょう。

制作活動などを行う際は、つくろうとしているもののつくり方や完成イメージなどのイラストを描くことで、担任からの指導も受けやすくなり、のちに振り返った際にもどのような活動内容だったかをすぐ理解することができます（図表10-6）。

②書く際に注意したいこと

文章表現の方法、決まりごとについては、レッスン9の実習日誌の書き方を参照しましょう（主語は保育者など）。

実習生では、準備物などの事前の環境構成についての記述が多い半面、活動の展開に沿って、新たに材料や用具をだすなど、「環境の再構成」に関する記述が少ないことがあります。たとえば先述した「より遠くに紙飛行機を飛ばそうという意欲がもてるように、目当てとなる線を引く」という環境構成がありましたが、子どもが実際に飛ばした際の飛距離に応じて、目当てとなる線までの距離を修正したり、線を複数引くなど、環境を構成し直すことで、より子どもの実態に合った、意欲的に遊びをすすめていく環境にすることができます。こうした再構成の視点をもち、場面ごとに改めて環境図を書くことで、活動がより豊かに展開されることも覚えておくとよいでしょう。

7 予想される乳幼児の活動

時系列に沿って、子どもの年齢や発達を考慮しながら、どのように活動が展開していくかを予想していきます。

①どのようなことを書くのか

責任実習のような一日の保育の場合、「登園する」「給食を食べる」などの活動の区切りとなるものを大項目として「○」で表し、その活動のなかの詳細な内容は「・」で表します（レッスン9の実習日誌の書き方と同様）。部分実習の場合、「実習生の話を聞く」「片づけをする」な

参照
環境図
→レッスン11

ど活動の展開の区切りは「○」で表し、詳細な内容は「・」で表します。ただし、園によってこうした記号の用い方には違いがあることは心得ておきましょう。まず、時系列に沿って、展開を予想して書いていきます。

- **実施する形態の展開**：クラス一斉に行うか、グループごとに行うかを想定し、それに合った展開を考える。3歳未満児では、グループごとに活動を展開していくこともある。
- **導入**：動機づけ、活動のイメージ、説明や注意点の伝達など。
- **展開**：ゲームなどの実施回数、活動の流れ、子どもの動きや反応について、細かく予想して書く。
- **まとめ**：まとめをする場合は、なぜその機会が必要かを考え、満足感、気づき、思いの伝達、さらなる発展と期待の高まりなど、どのような意図のもとで行うか意識してその時間を設けることが大切。

以上のような観点から、展開の流れを予想して書いていきます。

なお、こうした展開を考える際、実習では「みんなが同じものをつくる」活動や、まとめの際「今日は楽しかった人？」「できた人？」など、**クローズドエンド**形式の展開に偏りがちになります。子どもの発想を生かすことができる活動や、まとめの際にも感じたことや考えたことを伝え合うことや、「次はこうやって使って遊んでみようか」などの**オープンエンド**形式での展開を意識して取り入れることも展開を考えるうえで大切にしましょう。

②書く際に注意したいこと

どのような活動かをわかりやすく記載し、そのときの詳しい状況や子どもの思いなどまでは書かないようにします。

■8 実習生の援助・配慮

子どもが主体的に活動を経験し、「ねらい」の達成につなげていけるように、また、子どもの発達状況の違いやトラブルなどを想定し、そうした状況に対応できるように、実習生が「幼児と関わって行う」直接的な援助や配慮について考えます。

①どのようなことを書くのか

予想される乳幼児の活動と対応させながら、その時々の活動のなかで、子どもが意欲的に活動に取り組み、「ねらい」の達成につながる働きかけや、けんかや思いのずれ、行動のずれなどの予想される事柄に対し、どのように対応するのかを考えます。援助は多様であり、「受け止める」「待つ」「提案する」「やってみせる」「見守る」「一緒に行う」「声をかける」「手伝う」「知らせる」「認める」などさまざまなものがあります。子ど

◆補足

まとめ

まとめについて考えるうえで、2017（平成29）年改訂された「幼稚園教育要領」「幼保連携型認定こども園教育・保育要領」では、指導計画を作成する際の留意事項として、保育者や他の子どもと気持ちを共有する体験の積み重ねが、次の活動への期待や意欲につながること、活動の見通しをもてるようになることがもう一度やりたい気持ちや子どもの主体性につながることを考慮して「見通しをもつ」「振り返る」ことを工夫して行うことの重要性が明記されている。

図表 10-7 実習生の援助・配慮欄の文章化の仕方

援助・配慮の意図	具体的な援助・配慮
「～できるように」 「～のために」	「受け止める」「認める」 「一緒に行う」など

もの実態やねらいを意識しながら、どのような援助を選び取っていくべきか考えていきます。

　環境構成と同様に、援助においても、なぜこのときそのような援助を行うのかといった「意図」を自覚化しておくことが、その援助が子どもの育ちにつながるかを判断していくうえで大切です。さらに、環境構成と同様にこの意図には、「養護的な意図」（安全に関する意図、安心に関する意図など）と「教育的な意図」（より活動が深まり、ねらいに近づけるような意図など）があります。そのため、援助・配慮は、その意図まで考えて文章化することが大切です（図表10-7）。

　加えて、援助・配慮の意図を考えていくとき忘れてはならない視点として、環境構成と同様に、「ねらい」の達成と関連のある意図を考えることが大切だということです。実習指導案を作成したあと、「ねらい」と関連のある意図に線を引くなどして、チェックしておきましょう。さらに、「実習クラスの実態」で取り上げた個別の子どもの姿などに対応する具体的な援助についても記載しておくとよいでしょう。

②**書く際に注意したいこと**

　「きちんと」「しっかり」といったあいまいな表現や、「安全に気をつける」など、具体的にどのような援助か想像しにくい抽象的な文章表現は使わないようにしましょう。

　「～してあげる」「～させる」「～してもらう」など、へりくだっていたり、逆に指導的すぎるなど、子どもに対するスタンスが表現されるような文言は避けましょう。

　また、「いかにスムーズに活動をすすめるか」という観点から、「片づけの時間であることを伝える」「忘れ物がないか確認する」など、保育者がしなければならない手順に関する行動を羅列しているような記述が「実習生の援助・配慮」の欄で見られることがあります。そうした記述も保育をすすめていくうえで必要なものは記載しておきますが、「意図のある援助」を考えることが、保育の質や子どもの感じる活動の楽しさ、充実感につながることを踏まえ、「意図のある援助」の記述が少なくならないよう注意しましょう。

第 3 章　指導案とは

9　反省・考察

　指導実習を振り返り、活動について自己評価するとともに、今後の課題は何かについて考えていきます。

①どのようなことを書くのか

　振り返りといっても、自身の感想などを述べるだけではなく、今後の保育者として成長していけるよう、ある程度振り返る視点を認識しておくことが大切です。

　指導実習では、まず「ねらい」が達成できたか否かを振り返ります。そして、「ねらい」が達成できた部分は、なぜそれがうまくいったのか、またうまくいかなかった部分については、なぜうまくいかなかったのか、より深く省察していきます。その際には、

- ・ねらいや内容の妥当性
- ・活動内容、題材の妥当性
- ・準備、事前の想定
- ・活動の流れ（導入・展開・まとめ）、実施形態は適切だったか
- ・環境構成、援助
- ・子どもの様子、子ども同士の関わり

などの点から振り返り、反省や学びを具体的に記載していくことで、振り返りの質を高めていきましょう。また、今後の課題などについて触れることも大切です。

　責任実習の場合は、主な活動における振り返りだけでなく、生活のさまざまな場面について、上記の視点から自己評価した内容についても記載し、自身の保育について幅広く振り返る機会としましょう。

②書く際に注意したいこと

　上記の振り返りの視点を大切にし、単純に「活動がスムーズに行えたか」「子どもは楽しんでいたか」などの振り返りだけにならないように気をつけましょう。

4．実習指導案作成時のその他の留意点

　ここでは、各項目だけでなく実習指導案を作成するうえでの全体的な留意事項をいくつかあげておきます。

　まず、レッスン 9 における実習日誌の書き方と同様に、実習指導案においても、「環境構成」「予想される乳幼児の活動」「実習生の援助・配慮」は互いが対応するよう横列をそろえるようにしましょう。文字はていね

いに書き、漢字を使用し、文末には句点「。」をつけることを忘れないようにしましょう。

　ここまでみてきたように、実習指導案の作成では、保育者の具体的な言葉かけや説明のセリフ、活動をすすめるために具体的に保育者がしないといけない行動、手順など、詳細なすすめ方については記載していません。活動上、事前にそうした詳細な言葉かけの内容や活動の流れを想定しておきたい場合、**細案**[*]を作成し、指導案と一緒に提出するようにします。

　そして、一生懸命書いた指導案ですが、指導実習ではこの指導案に縛られすぎることなく、目の前の子どもに合わせて、柔軟に計画を変更する姿勢も大切です。計画どおりにいくことがよい実習ではありません。まずは目の前の子どもの姿を大切にしてみてください。

　最後に、次のインシデントを読んで、演習課題③に取り組んでみましょう。

インシデント③：クラスの子どもの実態（4歳児クラス）

　　運動会を経て、子どもたちは戸外で元気よく体を動かして遊ぶようになり、友だちとも一緒に遊びをすすめていこうとする姿が多くなってきた。前週にあった秋の遠足で、自然に触れたことで、秋の自然への興味・関心も高まってきている。また近隣の森や里山に散策に行き、「くまさんが住んでいるかも」「うさぎさんいるかな」など、動物たちに思いを寄せたことがきっかけとなり、遊びのなかで自分たちも動物になって楽しむ姿がみられるようになった。

✳ 用語解説
細案
時系列に沿って、シナリオのように、いつどのような声かけをするか、活動をすすめていくうえで保育者が行う具体的な動きなどを詳細に書いた計画。

演 習 課 題

①保育者の援助には、どのようなものがあるか、「認めること」「声をかけること」「見本を見せること」など具体的な言葉をあげて、グループ内発表を行い、援助の多様性について理解を深めましょう。

②もし、あなたが指導実習で「転がしドッジボール」をすることになった場合、コートをどのような形に描きますか（どのように線を引きますか）。その形にする意図も考え、発表してみましょう。

③インシデント③を読んで、もしあなたが部分実習を行うとしたら、どのような「ねらい」を立てて活動を考えますか。考えられる「ねらい」を3つあげてみましょう。

レッスン11

実習指導案の書き方の実際

指導実習といっても、活動の種類によって実習指導案を作成するうえで考えておきたいポイントが異なってきます。ここでは、各種活動の具体的な実習指導案例を確認しながら、書き方のイメージをさらに深めていきましょう。

✚ 補足

手遊びの留意点
身振りの大きさや速さなどを意識して行う。慣れないうちはスピードが速くなりがちなので、ちょうどよい速さでできるよう練習しておく。繰り返し楽しむ場合は、速さを変えたり、発展バージョンを考えるなど、遊びの楽しさが豊かになるような工夫も考えてみよう。参考となる映像としては、NHK教育テレビ（Eテレ）の歌のお姉さん、お兄さんの動きを見ることも一つの方法である。

絵本の読み聞かせの留意点
絵本が開きやすいよう開きぐせをつけておいたり、片手持ちで読めるよう準備・練習しておこう。低年齢の場合は、絵をじっくり見せたり、指差しをして気づきを促したり、食べるシーンでは一緒に食べるまねをするなど、子どもとやりとりしながら読みすすめることもある。ストーリーを大切にしたいときは、難しい言葉の説明はするが、指差しや質問などは受け止めながら「読後に教えてほしい」と伝えるなど、読み聞かせの時間にどのようなことを大切にしたいかを意識しておくと子どもの反応にも対応しやすくなる。

1. 手遊び、絵本の読み聞かせの実習指導案の作成

指導実習では、手遊びや、絵本の読み聞かせを行う機会が多くあります。子どもの発達、興味・関心、季節に合ったものを選定しましょう。もし、実習先ですでに同じ手遊びを行っていて、自身の知っているものと歌詞ややり方が異なる場合は、実習先のやり方を尊重しましょう。

1 環境構成のポイント

子どもが集中したり落ち着いて活動できるように、「日差し」「実習生の後方環境」「子どもと絵本の距離」「子どもからの見え方」などを配慮し、実習生と子どもの座る位置、見せる高さや場所などを考え、実習指導案に記載しましょう（図表11-1）。また、室外の音状況なども想定し、必要に応じて窓を閉めるなど、室内環境についても考えておくことが大切です。

絵本の読み聞かせの場合は、子どもが楽しかった物語を思い出したりできるよう、読み終えた絵本はどこに置くかなど、読み聞かせ後の環境も考えてみましょう。

2 予想される乳幼児の活動のポイント

手遊びでは、活動の「ねらい」、手遊びの「内容」を踏まえながら、実習生が一方的にすすめるのではなく、子どもに問いかけたり、子どもからアイデアを引き出したりしながら、応答的にすすめていけるよう工夫しましょう。

絵本の読み聞かせでは、登場した動物や乗り物になって「再現遊び」をして絵本の世界をさらに楽しんだり、思ったことや発見したこと、物語への理解が深まるよう「まとめの時間」を設けるなど、ねらいに応じ

134

レッスン11 実習指導案の書き方の実際

図表 11-1 手遊び・絵本の読み聞かせの実習指導案の例

○月○日（○） 10時40分〜10時50分　　さくら組　4歳児　30名	
実習クラスの実態	かけっこなど、友だちと競い合って遊ぶことに楽しさを感じたり、友だちと協力するなどして、遊ぶことに充実感を感じている姿が見られるようになってきた。一方、なかにはまだ集団での活動に慣れず、生活全体に落ち着きのない様子の子どももみられる。戸外での遊びでは、どんぐりを拾い集めるなどし、秋の自然に親しむ姿や、関連のある絵本や図鑑などを自分たちでみつけ、友だちと一緒に読む姿がみられるようになってきた。
ね ら い	○話の展開を期待しながら、友だちと一緒にお話を聞く楽しさを味わう。 ○秋の自然に興味をもち、感じたことや思いを伝えようとする。
内　　容	・友だちとイメージを共有し、落ち着いて絵本を見る。 ・身近な秋の自然やその成長に親しみを感じ、気づいたことや知っていること、思いを話す。
主な活動	絵本『まいごのどんぐり』（松成真理子、童心社、2002年）を見る。

	時刻	環境構成	予想される乳幼児の活動	実習生の援助・配慮
展開過程	10:40	・隣り合う子ども同士が動きの妨げにならず、のびのびと手遊びができるよう、子どもが座る際は、ゆったりとした空間をつくる。 ・子どもが保育者や絵本に集中できるように、ピアノの前など落ち着く場所を選ぶ。 ・全員の子どもが落ち着いて次の活動に移ることができるよう、十分な時間をとる。 ・楽しい雰囲気で手遊びできるよう、子どもの意見も取り入れながら行う。 ・目線の高さを考え、またどの子どもの表情も把握できるように、保育者は幼児いすを使用する。 ・落ち着いた静かな雰囲気のなかですすめられるように、周辺の子どもの活動の様子を確認し、必要に応じて出入り口や窓を閉める。 ・読み終わった絵本は、引き続き関心をもって見ることができるように、目につく場所に置く。 ・物語の世界のイメージと現実の世界を結びつけて、イメージを広げながら遊ぶことができるよう、身近な場所にドングリを置いておく。	○実習生の周囲に集まる。 ○手遊び「なーんだろう」ジャンケンをする。 ・実習生の見本をみながらまねをする。 ・繰り返し何度もする。 ・実習生の話をき聞く。 ○絵本を見る。 ・自分の思いを話す。	・保育者の近くに集まるよう声をかける。 ・温かい表情で子どもに視線を向け、今から行うことに期待が高まるようにする。 ・A児やB児には、落ち着いて活動に参加できるよう、保育者のそばに座るよう誘いかける。 ・手遊びのなかで、リズムにのって遊ぶ楽しさが感じられるよう、子どもの様子を確認しながら、タイミングよくジャンケンをだす。 ・これから聞くお話の関心が高まるよう、身近な生活や遊びの事柄と関連づけながらドングリの話をする。 ・絵本が見やすいよう、今座っている場所が見えにくくないか確認し、見えにくいときは場所を移動するよう伝える。 ・場面のイメージが感じられるよう、場面によって声の大きさや速さを調整する。 ・登場人物や樹木の成長に気づくことができるように、反応をみながら指差しなどで知らせていく。 ・子どもが話そうとする気持ちを大切にし、ていねいに受け止める。 ・子どもの気づきや思いなどを取り上げ、明日への活動につなげていく。
	10:55			

135

第3章　指導案とは

て考えてみましょう。

3 実習生の援助・配慮のポイント

　楽しくて引き込まれたり、わかりやすく、気づきにつながるような、保育者の絵本の見せ方、読み聞かせ方などについて考え、記載します。

　絵本の読み聞かせでは、途中に絵本の近くまで来る子や、子どもの指差し、質問など、想定される事柄への対応を考えておきましょう。その際、話を止めることなく応じるか、いったん話を止めて対応するかなど、子どもの年齢や、その日読み聞かせで重視したいことを踏まえて、事前に想定しておくとよいでしょう。

2．制作活動系の実習指導案の作成

　制作活動系の遊びでは、子どもの発達や興味・関心、季節感などのほか、子どもたちに経験してほしいさまざまな素材とのふれあい、技法などもあわせて活動内容を考えていきます。また、さまざまな道具の使用や扱い方の経験も大切なこととととらえて実習指導案を作成していきます。

1 環境構成のポイント

　事前の準備として、「使用する材料の種類や数」「使用する道具、用具の配置とその数」「制作を行う場」などの制作するために必要となるものについて考えます。材料などは必ず予備も用意しておきましょう。

　活動のイメージが豊かになるよう「完成品の掲示」や「実物やその写真」を子どもの見やすい場所に掲示するなど、子どもが主体的に活動をすすめる手がかりとなるような環境も大切です。また、つくったもので遊ぶ場合などは、つくる場所と遊ぶ場所をどう構成するか、それらを構成するタイミングはどうするかなども考えておく必要があります。そして、完成したものをどのように保管・展示するかなどもあらかじめ考えておく必要があります。このように、事前、展開中、事後それぞれの環境を考えて記載していきます（図表11-2）。

2 予想される乳幼児の活動のポイント

　導入では、子どものつくりたい気持ちや活動のイメージがわかるよう、実物を見せたり、実演するなど、子どもの興味・関心を高める工夫を考えておきましょう。また、活動の速度の個人差が大きいため、早く終わっ

➕補足
環境構成のポイント
大人と違って子どもは手指をまだうまく使うことができないことも多いため、事前にあえて手袋をつけたり、指1本で自らつくってみたりするなどして、子どもがつくる際にどのような難しさがあるか考えておくことも大切である。

レッスン11　実習指導案の書き方の実際

図表11-2 制作活動系の実習指導案の例

6月○日（○）　10時30分～11時10分　ぱんだ組　3歳児　18名		

実習クラスの実態	進級・入園後の生活にも慣れ、安定して過ごせるようになってきた。最近は雨の降る様子や水たまりに興味をもち、水の気持ちよさやおもしろさを感じている。また、色水遊びをして、さまざまな色やその変化を楽しむ姿もみられる。友だちと遊ぶことの楽しさを感じてきてはいるものの、ものの取り合いのけんかが多く、遊びをじゃまされたと感じたときには泣いたり怒ったりと気持ちが高ぶる姿がみられる。		
ね ら い	○絵の具に興味をもち、色の出方や混ざったときの色の変化などの不思議さやおもしろさを味わう。 ○自分なりのイメージで表現することを楽しむ。		
内　　容	・ポンポンするときの力の強弱などで、色の出方が違うことや、絵の具が混ざると色が変化することに気づき、保育者や友だちとさまざまな発見を共有し合いながら遊ぶ。 ・Tシャツの模様を自分なりにイメージして描く。		
主な活動	ポンポン筆でTシャツの模様を描く。		

	時刻	環境構成	予想される乳幼児の活動	実習生の援助・配慮
展開過程	10:30	・実習生の前に机を用意し、実演できるよう絵の具、タンポン、Tシャツの形の紙を用意しておく。 ・四つ切り画用紙をTシャツの形にカットしたもの（18人分＋予備）、棒付きタンポン（36本＋予備）、手ぬぐい用濡れタオルを各机に1つずつ。 ・絵の具（赤・青・黄）それぞれを入れたパレットを6つずつ準備し、パレット1つに棒付きタンポンを2本ずつ入れておく。 ・机の上に新聞紙を敷き、各机に絵の具と濡れタオルを準備する。	○実習生の話を聞く。 ・スモックを着る。 ・実習生の前に集まる。 ・遊びの説明を聞く。 ・グループに分かれ、机に集まる。 ・絵の具遊びの用意を見る。 ・画用紙をもらう。 ○ポンポン筆に絵の具をつけ、模様を描く。	・模様に興味をもち、意欲をもって取り組んでみたいと思えるよう、用意しておいた見本を見せる。 ・絵の具を使う方法や遊びのイメージがわかり、興味をもって取り組めるよう、実際にやってみせながら説明する。 ・タンポンを使ってみたいと、用具に対する関心も高まるよう、色がでる様子を「魔法みたいだね」「スタンプみたい」などとたとえながら、用具を紹介する。 ・絵の具などを用意する様子を見せたり、これからの活動を期待できるようにする。 ・描く様子をみながら、画用紙にポンポンと続けて模様を描くおもしろさが味わえるよう、必要に応じて、ポンポン筆には絵の具をたっぷりつけるよう知らせる。 ・なかなかポンポン筆を使い始めようとしない子には、保育者も手を添えながら一緒に行う。 ・押し方の強弱によって色の出方や大きさが変わることや、色が混ざったときの変化のおもしろさを感じられるよう、子どもの気づきに共感したり、気づきを周囲に広めたりする。 ・一人ひとりが自分なりのイメージで遊びをすすめていけるよう、リズミカルに押す様子やていねいに押す様子など、その子なりにイメージをもって描く様子を認めていく。
		・窓際に新聞紙を敷き、乾かす場所を用意する。	・できた作品を周囲の友だちと見せ合ったりする。	・できた満足感を感じられるよう、色や模様など一人ひとりの工夫を認める。
	11:10		○片づけをする。 ・できた作品を乾かす。 ・汚れた手を洗い、スモックをしまう。	・できた作品の裏に子どもの名前を記入する。 ・自らすすんで片づけや手を洗う姿を認める。

137

第3章　指導案とは

た子はどうするかなど、一斉のすすめ方だけでなく、個別に必要になる
展開も予想しておきましょう。

■3■　実習生の援助・配慮のポイント

「見て」「できない」「～はしていい？」などの子どもの報告や疑問、
困り感、道具の貸し借りなどのトラブルなど、どのような姿が予想され
るかを考え、どのように対応していくか事前に考えておきましょう。た
だし、子どもへの対応を中心に記載するだけでなく、「ねらい」を達成
するために自らどのような場面をつくりだしていくか、さらに、「上手
だね」「頑張っているね」以外にどのように具体的に子どもの姿や作品
を認めていくかなど、活動が豊かに展開するための援助を考えてみま
しょう。

また、道具の使用方法は導入でもていねいに伝え、危険のあるものは
そのつどしっかりと注意を促していきましょう。

3．室内で行うゲーム的活動の実習指導案の作成

室内で行うゲーム的な活動は、一定のルールがあるものが多く、それ
をどのように伝えるか、仲間との関わり合いや安全面を考慮しながら、
集団としての活動の展開を考えて実習指導案を作成していきます（図表
11-3）。

■1■　環境構成のポイント

室内でのゲーム的な活動では、体を動かす内容のものが多いので、ま
ず、安全面への配慮が大切です。活動を展開するスペースに危険なもの
がないかなどを事前に把握し、子ども同士の間隔などは常に注意してお
くことを念頭に置いておきましょう。また、ゲーム中の保育者の立ち位
置など、安全に考慮しながら、子どもを見渡したり、援助に入りやすい
位置などを考えておきましょう。

クラスで楽しむ活動が多く、応援やＢＧＭなど活動中の雰囲気のつく
り方などについても事前に考えておくとよいでしょう。

■2■　予想される乳幼児の活動のポイント

ゲーム的な活動は、1回にかかる時間が短いものから長いものまでさ
まざまです。時間内で何回くらい行うか、予想しておきましょう。ルー

レッスン11　実習指導案の書き方の実際

図表11-3　室内で行うゲーム的活動の実習指導案の例

5月○日（○）　10時30分～11時10分		すみれ組　5歳児　20名（男児10名、女児10名）		
実習クラスの実態	今までにしたことがなかった新しいルールのある遊びを保育者が提案すると、素直に受け入れてその遊びを楽しんだり、自分たちで簡単なルールを考えて遊びをすすめようとする姿がみられるようになってきた。また、これまで友だちと一緒に遊ぶ輪に入りにくかった子もクラスの友だちと遊ぶ楽しさを感じ始めている。一方、遊びをすすめていくなかで、自分の思いが強すぎて相手に自分の思いを押しつけてしまったり、ものを譲り合って使うことができず、トラブルになる場面もみられる。			
ね ら い	○簡単なルールのある遊びのなかで、友だちと関わって一緒に遊ぶ楽しさを味わう。 ○友だちと一緒に遊ぶなかで、ルールを守ったり、譲り合ったりして遊ぼうとする。			
内 容	・勝敗のあるゲームの楽しさを感じながら、友だちと競い合ったり、応援し合うことを喜びながら遊ぶ。 ・ルールを理解して守りながら遊んだり、トラブルが起きたときは自分たちで解決策を考えて遊びをすすめる。			
主な活動	いす取りゲームをする。			

	時刻	環境構成	予想される乳幼児の活動	実習生の援助・配慮
展開過程	10:30	・子ども自身でいすを並べることができるよう十分な時間をとる。 いす取りゲームのいす　　ピアノ ○○○○○○　□ ○　　　　○　□ ○　　　　○　□ ○○○○○　応援席 ・はじめに4つのいすを抜いておき、座れなかった子どもが待機する応援席を設ける。 ・応援席の子どもも楽しんで応援したり、参加できるよう、よく歌う歌などを取り上げる。 ・適宜、いすを減らし、応援席を増設する。	○実習生の話を聞く。 ・自分のいすを持って円形に集まり、中央に向けて並べる。 ・いすの前に立ち、実習生のピアノの音が止まったら、いすに座る。 ・2～3回繰り返す。 ・保育者から「いす取りゲーム」の説明を聞く。 ・「いす取りゲーム」ができるよう、いすの背を中央に向けて並べる。 ○「いす取りゲーム」をする。 ・音楽に合わせて歩く。 ・音楽が止まったら近くのいすに座る。 ・1つのいすを取り合う子がいる。 ・座れなかった子は応援席に座り、友だちを応援する。 ・いすを減らしながら繰り返し続ける。 ・決勝戦を行う。 （以下省略） ※2回戦は子どもと相談し、優勝者の数を決めるなどしながらともにすすめ、ゲーム後はまとめの時間をもち、今日の課題や次回のすすめ方なども話し合う。	・危険な運び方をしているときは、事故につながらないよう、運び方を伝える。 ・子どもが喜んでピアノの音に耳を傾けることができるよう、ピアノを弾く際は1回ずつ、強弱や速さ、音を止めるまでの長さを変える。 ・ルールを理解しやすいよう、数人の子どもを取り上げ、具体的に見本を見せる。 ・危険がないよう、前の人を抜かさないことや友だちを押さないことを確認する。 ・座れなかったときは、応援席で友だちの応援をすることを伝える。 ・最後まで残れるかもしれない期待感が抱けるよう、1回戦の優勝者は5人とする案を提案する。 ・きれいな円形になるよう、必要に応じて声かけをしたり、いすの位置を調整する。 ・回る様子を見ながら、けがにつながりそうなときはすぐに音楽を止めるなど、子どもの状況に応じてピアノを弾く長さを調節する。 ・子どももそれぞれの思い、言い分を受け止めながら、こうした状況の場合どうしていくか、解決策を子どもたち自身が考えられるよう問いかける。 ・子どもから解決策がでない場合は、ジャンケンなどいくつか方法を提案する。 ・悔しい気持ちを感じながらも、友だちの応援をしたり、ゲームの行方を楽しめるよう、座れなかった悔しい気持ちに共感したり、ゲームの進行状況を知らせていく。 ・決勝戦を期待して観戦できるよう、少し長めにピアノを弾く。 ・最後まで残った満足感を感じられるよう、みんなで拍手を送る。
	11:10			

139

ルも比較的簡単なルールのものから、難しいものまでさまざまです。ルールが難しい場合は、簡単なルールから始め、徐々に発展させて遊びが展開するよう考慮しましょう。

また、ルールを再確認する時間や、チームで話し合う時間など、ゲームとゲームの合間にも「ねらい」を意識した活動の展開を想定して計画しましょう。

3 実習生の援助・配慮のポイント

導入での説明では、ルールや遊び方を共通理解しやすいような工夫が必要です。言葉による説明だけでなく、実演して見本を見せるなど、視覚的にわかりやすい工夫も大切です。

ルールのある遊びは、ゲームの内容や子どもの年齢によっては、参加したくないという子、勝敗についてこだわりが強くて負けを受け入れられない子、ルールを理解しづらい子がいることなどが考えられます。事前にそうした場合の対応なども想定しておきましょう。

また、ゲーム的活動の実習指導案には、ゲーム前後の援助・配慮の記述は多くみられますが、ゲーム中の記述が少ない例がよくあります。ゲーム中の実習生の役割や援助についても考えておくことが、活動の充実のためにも大切です。

4. 戸外での活動的な遊びの実習指導案の作成

戸外での活動的な遊びは園庭で行うなど場が広くなるため、活動スペースの広さなど環境面の考え方や、活動がダイナミックになる分、安全面での配慮も重要になります。また、ボールや竹馬など、技術的なスキルが求められる場合のことも考えながら実習指導案を作成していきます（図表11-4）。

1 環境構成のポイント

戸外での活動の際には、鋭利なものや大きな石など危険物が落ちていないかなど、必ず事前の確認が必要です。

コートなどが必要な遊びでは、その広さや形をどうするか、子どもの経験や運動・技能レベルなどを考慮し、意図をもって考えることが重要です。鬼ごっこなど範囲を指定しない遊びでは、園舎の裏などにまで逃げる子もいますから、活動範囲をどのように考えるかも大切です。

レッスン11　実習指導案の書き方の実際

図表11-4 戸外での活動的な遊びの実習指導案の例

10月○日（○）　13時00分〜13時30分　　　あじさい組　4歳児　27名			
実習クラスの実態	運動会を終え、クラスの友だちと鬼ごっこをしたり、多人数で遊ぶ姿や、フラフープ、竹ぽっくり、ボールなど、体や用具を使った遊びが多くなってきている。ルールを守る大切さを感じ始めており、鬼ごっこなどでは友だち同士でルールを確認し合う姿などがみられるようになってきた。ルールを守らない幼児には、非難はするが、困ったことの解決には保育者を呼びにくることが多い。		
ね　ら　い	○体を使って遊びながら、友だちと一緒に簡単なルールのある遊びの楽しさを味わう。 ○ボールを使った遊びに興味をもち、積極的に使ってみようとする。		
内　　　容	・ルールを理解し、守って遊んだり、友だちと一緒にルールを考えながら遊びをすすめる。 ・友だちの動きをよく見て、ボールを思い切り転がしたり、避けたりする。		
主な活動	転がしドッジボールをする。		

	時刻	環境構成	予想される乳幼児の活動	実習生の援助・配慮
展開過程	13:00 13:30	・体をのびのびと動かし、危険がないよう、十分な長さの線を1本引く。 ・ボールの動きがよく見え、避ける楽しさを味わえるように、平行にもう1本線を引いたコートを準備する。線と線の間隔は、子どもがボールを転がす楽しさを味わえるように、子どもがボールを転がして届く距離にする。 （コート図） ・遊びの様子に応じて、ボールの数を増やしたり減らしたりする。	○ボールを転がして遊ぶ。 ・1人1個ボールを持って、実習生のもとへ集まる。 ・線に沿って並び、ボールを遠くまで転がす。 ・りすチームは線Aに、うさぎチームは線Bに向かい合って並び、転がしキャッチボールをする。 ○転がしドッジボールをする。 ・転がしドッジボールの説明を聞く。 ・りすチームは内野に入り、1回戦をする。 ・うさぎチームは、内野のりすチームの友だちをねらってボールを転がす。 ・ボールが当たったら、実習生の隣に並びに行く。 ・最後まで逃げ切った「よけよけチャンピオン」と、1回以上当てた「あてっこチャンピオン」に拍手を送る。 ・交代して2回戦をする。 （中略） ○まとめ ・実習生のもとに集まる。 ・困ったこと、気づいたこと、感想などを話す。	・子どもが全力で転がしてみようと思えるよう、実習生が見本を見せ、遠くまで転がす。 ・転がし方がわからない子には、個別に転がし方の見本を見せるなどする。 ・転がってくるボールをよく見て、避けたり、キャッチしようとする姿を認めていく。 ・ぶつかってけがをしないよう、ボールだけでなく友だちのことも見て動き、隣の友だちとは十分距離をとるように伝える。 ・ルールを理解しやすいように、複数の子どもに協力してもらい、具体的に見本を見せる。 ・危険な遊びにならないように、ボールを投げつけないこと、友だちを押さないことなどを伝えるとともに、ボールを避けるときは、ジャンプするとボールの上に乗ってしまいけがにつながるので、素早く移動したり、片足を上げるように伝える。 ・遊びを楽しくすすめ、意欲的に取り組めるよう、「おしい」などと声をかけたり、ゲームの進捗状況を知らせるなどし、どちらのチームも盛り上がるように関わる。 ・ルールを守って遊ぶことの大切さに気づけるよう、ボールが当たり、自ら判断して移動する姿を十分に認める。 ・ボールが当たったことに気づいていないときは、自ら移動することに気づけるよう、当たったことを伝える。 ・ボールの取り合いや、ルールについてトラブルになったときは、一人ひとりが思いを言葉にできるよう支え、公平な判断について子どもと一緒に考える。ボールを譲り合おうとする姿が見られたときは、共感し認めていく。 ・最後まで当たらなかったうれしさや、当てることができたうれしさに共感し、遊びの充実感を感じられるようにするとともに、次は頑張ろうという気持ちが高まるよう励ましていく。 ・次回の見通しがもてるよう、今日の遊びのなかで決まったルールを確認し、今日の頑張りを認める言葉をかける。

141

また、戸外では、導入時や活動時の保育者の立ち位置について、日差しや子どもの動線を踏まえて考えましょう。

■2 予想される乳幼児の活動のポイント

子どもの運動・技能レベルには個人差が大きいことを念頭に置き、ルールや動きが簡単なものから徐々に複雑なものとなっていくよう、順序性を考えた展開案を考えましょう。勝ち負けのあるような遊びは、対立して遊ぶおもしろさを十分楽しむ姿がみられるようになってから行い、低年齢時から勝ち負けにこだわる遊び展開にならないよう注意しましょう。

戸外での遊びの魅力は、子どもが全身を使って遊ぶことができるところです。活動内容によっては、子どもが思い切り力を出せる機会を設けるとよい経験になります。また、一人ひとりがしっかり動きながら遊べるよう、待ち時間が少なくなるよう考慮することも大切です。

■3 実習生の援助・配慮のポイント

活動内容によって、実習生も子どもとともに遊び、活発に動くことの楽しさが伝わるようにしたり、動き方のモデルになるよう意識的に関わることも大切です。

技能的なことが求められる遊びの際は、苦手な子どもの頑張りを認めながら、子ども自身がスモールステップですすんでいけるような援助方法を考えていきましょう。運動が苦手な子については事前に把握しておき、無理な動きをしている場合は声をかけるなど、危険のないよう配慮しましょう。また、実際に子どもが転んでけがをする場合もあります。そのような場合の対応については事前に担任と話し合い、実習指導案に反映させておくことも大切です。

5．責任実習の実習指導案の作成

責任実習において、全日実習では一日をとおして、半日実習では半日分の時系列に沿った実習指導案の作成が必要になります（図表11-5）。実習の最終段階で行われることが多く、それまでの実習日誌からの学びなどを踏まえて作成することが求められます。

1 ねらい・内容のポイント

責任実習では、複数の「ねらい」を立てることが大切です。1つ目は、一日の生活全体を見通し、子どもの実態から育ってほしいもの、2つ目は、その日行う「中心的な活動」に関する「ねらい」です。そして、それぞれに対応する「内容」を書いていきましょう。

週案や月案などとの関連も意識すると考えやすいでしょう。

2 環境構成のポイント

一日をとおして「登園の時間」「朝の自由遊びの時間」「朝のお集まりの時間」「昼食の時間」など、さまざまな活動が行われます。そのつど、ものの配置だけでなく、保育者の立ち位置、居場所などは変わります。部分実習と違い、自身が担任となる動きが求められるため、活動場面ごとに環境図を作成し、そのなかで自身の立ち位置などを想定しておきましょう。また、子どもがいつもの安心した環境のなかで生活を送ることができるよう、食事の際などの日常的な環境は、ふだんと同様の環境構成ができるよう、これまでの学びをもとに記載しましょう。

3 予想される乳幼児の活動のポイント

一日の流れのさまざまな生活の区切りの場面は「○」、そのなかの細かな活動を「・」で表します（実習先の実習日誌の表記の仕方を優先）。

乳幼児期は一定のリズムで生活することが心身の健康を考えるうえでも重要です。ふだんの生活時間に沿って活動の流れを設定しましょう。

4 実習生の援助・配慮のポイント

これまでの実習日誌の「援助」の欄をそのまま転記するのではなく、前日までの子どもの姿からつながりをもって育ちにつながるような援助を考えることが大切です。たとえば、生活面での育ちにつながるような援助、その季節特有の自然への気づき、遊びの広がり、友だちとの関わりなどを意識して考えてみましょう。

生活をすすめるためだけの援助に偏ることがないよう意識するとともに、子どもとの関わり、一日を楽しく過ごすための視点からも援助を考えていくことで、充実した責任実習につなげていきましょう。

第3章　指導案とは

図表11-5　責任実習（全日実習）の実習指導案の例

6月○日（○）　　9時00分～17時30分　　　りんご組　1歳児　11名				
実習クラスの実態	保育者がそばにいると安心して遊ぶ姿がみられ、自分の好きな遊具で遊んだり、砂遊びや、戸外で歩いたり走ったりして体を動かす姿がみられる。食事や排泄など、身の回りのことにも少しずつ興味が高まってきているようで、自分でしてみようとする姿や、保育者が声をかけると嫌がらずにすすんで応じる姿が増えてきている。			
ねらい	○身の回りのことに興味をもち、保育者と一緒にしてみようとする。 ○保育者と一緒に、戸外で好きな遊びを楽しむ。			
内　容	・食事、排泄、着脱衣など、自分の力でやってみることに興味をもち、保育者と一緒に自分なりに取り組む。 ・好きな遊具や場所、興味あるものをみつけて、じっくりと遊ぶ。			
主な活動	外遊び（好きな遊び）を行う			

	時刻	環境構成	予想される乳幼児の活動	実習生の援助・配慮
展開過程	9:00	ふとん　←下にいす ピアノ　いす タンス　いす	○室内で遊ぶ。 ・好きな遊びをする。	・子どもの様子を見守りながら一緒に遊ぶ。 ・玩具の取り合いでけんかが起きたときは、お互いの思いを受け止め、言葉にして伝える。
			○片づけをする。	・遊んで片づけようと思えるように、かごの中に玩具を入れることを楽しめるような声かけをする。
	9:30	ⓈⒸⒸ Ⓒ □ Ⓒ ⒸⒸ	○絵本『だるまさんが』（かがくいひろし、ブロンズ新社、2007年）を見る。	・リズムのある絵本を読み、子どもたちが一緒に参加して楽しめるようにする。
		・おしぼりを用意する。 ・アレルギーのある子どものおやつを誤配しないように確認する。	○おやつ ・おやつの歌を歌い、「いただきます」のあいさつをする。 ・おやつを食べる。	・おやつへの時間を楽しみにできるよう、保育者も笑顔で明るく歌う。
	10:00	・バギーに子どもを乗せる。	○帽子をかぶり、靴をはく。	・靴をはきやすいように子どもには座ってもらう。意欲的に取り組もうと思えるように、自ら足を上げたり、靴をはこうとしたときはその姿を認めていく。
			○体操をする。	・子どもたちが体操に興味をもって意欲的にできるよう保育者も大きく動きながら一緒に体操を行う。
			・歩いたり走ったりする子どもがいる。	・歩いたり走ったりしたい気持ちを大切に受け止め、危なくないよう周囲の状況などに気を配る。
		・遊具（スコップ、型抜き、バケツなど）は前もって出す。	○外遊びをする。 ・砂場、電車ごっこ（フープ）、ボールなど。	・全体の様子をみながら、安全面に気を配る。 ・子どもの遊びが発展するような声かけをする。
		・子ども用具で手を拭くことに気づけるよう手洗い場の近くにタオル掛けを置く。	○手洗いをする。	・「気持ちいいね」など、手洗いの心地よさを感じられるよう言葉をかける。 ・なかなか手洗いが終わらない子どもには、次の活動に期待がもてるような声かけをして、気持ちを切り替えられるようにする。
		・おむつ替えの際に、下にマットを敷く。	○排泄・おむつ替え。	・おむつ替えをしながら声かけをして、コミュニケーションをとりながらすることで安心できるようにする。

	時刻	環境構成	予想される乳幼児の活動	実習生の援助・配慮
展開過程	11:00	・歌を歌って楽しい雰囲気を つくり、食べることへの興味 がもてるようにしたり、楽しく 食べられるようにする。 （図）保 子 子／子 子／子 子 ・机やいすの下に新聞紙を敷 く。 ・エプロンをつける。 ・おしぼりを用意する。	○給食の準備をする。 ・「きゅうしょくのうた」を歌う。 ・「いただきます」のあいさつをする。 ○給食を食べる。 ・手やスプーンを使って食べる。 ・手や口を拭く。	・意欲的に食べようと思えるよう、子どもの食べる 姿を認めたり、食べ物の香りを一緒にかいだり する。 ・手で食べている子どもには、スプーンを使って食 べることにも興味がもてるように「スプーンで食 べてみようか」などと声かけをする。
			○室内で遊ぶ。	・子どもと一緒に遊びを楽しむ。 ・子どもと触れ合いながら遊ぶ。
		・おむつ替えの際に、下にマッ トを敷く。	○排泄、おむつ替えをする。 ・順番に排泄、手洗いをすませ、終 わったら午睡の準備をする。	・子どもが立ったままおむつを交換する場合は、 保育者の肩につかまって安定できるようにする。 ・子どもも一緒にしようと思えるよう、おむつ替え の過程を声に出して伝えながら行う。
			○パジャマに着替える。	・着替えは、寝かせたり座らせたり、その子どもに 合った方法で安定して行うようにする。
			○絵本『だれかな? だれかな?』（な かやみわ、福音館書店、2003 年）を見る。 ・出てくる動物を指差したりしなが ら見る。	・絵本を楽しんで見ることができるよう、応答的な やりとりをしながら読み聞かせをする。
	12:00	（図）机 ・棚で頭をぶつけたり、他の 子どもの足で頭を踏まれたり しないよう、頭が真ん中を向 くように布団、まくらを並べる。	○午睡をする。 ・なかなか寝ることができない子ど もがいる。 ・咳込む子どもがいる。	・頭やおなかに触り、午睡を促す。 ・まわりの動きなどが気になる子どもは段ボールな どで囲い、安心して眠れるようにする。 ・15分ごとに、子どもの呼吸や寝る体勢を確認し、 安全に午睡ができるようにする。 ・保育者同士で子ども一人ひとりの体調・排泄・ 睡眠時間などをチェック表に記入する。
	14:40	・保育室を明るくする。 （図）保 子 子 子 保／子 子 子 子／子 子 子 子 ・机を出し、シートを敷く。	○起床する。 ・おむつ替え、手洗いをする。 ○おやつを食べる。 ・前かけをつけ、一人ひとり保育 者と「いただきます」のあいさつ をする。 ・自分ですすんで食べようとする。	・自然な目覚めができるよう、優しく声をかける。 ・子どもを起こし、おむつ替え、手洗いをする。 ・子どもが意欲的に食べすすめられるように一人 ひとりに声をかけたり、子どもの気持ちを代弁す るような言葉がけをする。

第3章　指導案とは

	時刻	環境構成	予想される乳幼児の活動	実習生の援助・配慮
展開過程	15:30	・子どもが意欲的に遊ぶことができるよう、様子に応じて、玩具を新たにだすなど環境を再構成していく。	○好きな遊びをする。 ・ぺんぎん組で好きな遊びをする(ブロック、たまごの玩具、絵本を見る、保育者と触れ合うなど)。 ・友だちの玩具を取ってしまう子どもがいる。 ・おむつ替えをする。	・子どもが楽しく遊べるように言葉かけをしながら関わる。 ・友だちの玩具を取ってしまったり、叩いたり、つねったりしてけがをしないよう、気になる子どもは落ち着いた環境で十分遊べるようにする。 ・子どもが気持ちよく遊べるように、おむつのチェックをする。
		・お茶を用意する。 ・脱水症などにならないように、お茶を飲む時間をとるようにする。	○お茶を飲む。	
	16:00		○好きな遊びをする。 ・順次帰宅する。	・家での関わりの参考となるよう保護者に一日の子どもの様子を伝える。 ・保護者への連絡事項を保育者同士で確認し、保護者にきちんと連絡が伝わるようにする。
	16:55		○片づけをして、保育室を移動する。 ・手遊び、絵本を見る。 ・好きな遊びをする。	・子どもが安心してお迎えを待てるよう、疲れの状況に気を配りながら一緒に遊ぶ。

演 習 課 題

①レッスン10の内容を踏まえ、実習指導案の例を書き写し、どのような流れで作成するか、書き写す時間はどの程度かかるかを確認し、実習本番で実習指導案を作成する際のイメージをもちましょう。

②各実習指導案の例について、「ねらい」をよく読み、「環境構成」や「実習生の援助・配慮」の欄の文章のうち、「ねらい」に関連した意図が書かれている箇所にアンダーラインを引き、指導計画の理解を深めましょう。

③「戸外での活動的な遊びの実習指導案の例」における転がしドッジボールの実習指導案は4歳児クラスを対象に作成されていますが、あなたが実習に行く時期を踏まえて、5歳児で転がしドッジボールをすると想定した実習指導案を作成してみましょう。

④レッスン11に掲載されている実習指導案の例それぞれについて、具体的にどのような導入を行うか考えてみましょう。

参考文献･･･

レッスン10

大場牧夫『幼稚園・保育所実習の活動の考え方と計画・展開の仕方 新版』萌文書林 1990年

厚生労働省「保育所保育指針」 2017年

内閣府「幼保連携型こども園教育・保育要領」 2017年

文部科学省「幼稚園教育要領」 2017年

文部科学省『指導計画の作成と保育の展開』幼稚園教育指導資料第1集 フレーベル館 2013年

レッスン11

小川博久 『遊び保育論』 萌文書林 2010年

瀬戸口清文 『セトちゃんのてあそびランド スイッチ・オーン』メイト 2000年

おすすめの1冊

小川博久 『保育援助論』 萌文書林 2010年

本書は保育における「ねらい」や「内容」の考え方を深く学習し、指導計画の意味をより理解できるよう解説されている。子ども理解と保育者の援助のつながりについても詳細に書かれており、保育者の専門性の向上に資する専門的な1冊である。

第4章

実習を振り返る

本章では、実際に実習に行ったあとの振り返りや自己評価のしかた、また就職後のことについて学んでいきます。振り返りにはどのような方法があるのか、また、実習先へのお礼のしかたや就職後のキャリアパスについて理解していきましょう。

レッスン12　実習直後のまとめ

レッスン13　実習の評価

レッスン14　実習体験の共有と今後の学び

レッスン15　就職への心構えと内定を受けてから

レッスン**12**

実習直後のまとめ

実習は、実習先での最終日で終わりではありません。実習先と養成校に、実習をまとめた実習ファイルを提出する必要があります。ここでは、実習ファイルをまとめるときのポイントと、実習後の実習先への連絡のしかたやお礼状の書き方など、さらに、実習後にも得られる学びについても取り上げます。

1．実習ファイルのまとめと完成

1 実習ファイルをまとめることの意味

　実習を終えた直後は、その体験の有意義さとともに、実習期間を乗り切った気持ちでいっぱいになります。しかし、**実習を終えたのちに最終日の実習日誌の提出や、実習ファイルの提出を行う必要があります。**

　実習ファイルをまとめ完成させる過程で、実習先の保育所・幼稚園などの保育形態、保育内容、特徴的な保育、子どもの姿などをとらえ直すことが必要になります。次の実習が控えている場合、違う実習先に実習に行ったときにはまったく違う内容を体験することになるので、次に生かすためにもていねいに今回の実習ファイルを完成させましょう。

　実習ファイルは、今後保育者になるまでに、改めて読み直すことも多く、自分自身で保育を創造するうえで大切な資料となります。また、将来、保育者となって実習生を受け入れる立場になることも考えられます。そのときには、自らの実習日誌の指導・助言や協議内容についても読み返すことがあるでしょう。自分でつくりあげた実習ファイルは、生涯捨てられない財産になるので、最後までていねいに仕上げましょう。

2 実習ファイルの点検事項

　実習ファイルは、実習最終日の何日かあとに、実習先へ持参あるいは郵送して、最終点検を受けることとなります。この際、園長先生が目をとおすので、この実習ファイルに不備があると実習先からの最終評価に影響を及ぼすことになり、養成校からの評価にも関係してきます。

　それぞれの養成校の指示に従って、実習ファイルの最後の点検をしっかり行ってください。以下に、実習ファイルのチェック項目をあげましたので、それも参考にしてください。

✚補足

実習ファイル
その中身は養成校によって異なるが、本レッスンにおいては、実習日誌、実習先からもらった印刷物や、子どもからもらったものを含む。

✚補足

実習ファイルの最終点検
実習終了後、ファイルをどのように届けるかも、事前のオリエンテーションで確認しておくこと。

150

レッスン 12　実習直後のまとめ

- ☐ 実習日誌の文章や、郵送する際の送り状がていねいな文字で記載されているか。
- ☐ 養成校の担当教員名、実習先の園長や担当の先生の氏名が正確かつ敬称で「先生」と記載されているか。
- ☐ 実習先の保育所・幼稚園などの創立や沿革について、いただいた要覧などの資料をもとにていねいに記載されているか。
- ☐ 職員組織や学級組織には、職員の氏名と役職、学級組織としてクラス名と人数がきっちり記載されているか。
- ☐ 園舎、園庭の見取り図は、階層ごとに定規を用いて、正確に記載されているか。
- ☐ 実習期間中の行事予定は、実習前の資料や口頭説明をもとにすべて記載されているか。実際は天候などにより変更している場合もあるので、改めて見直せているか。
- ☐ 実習日誌1枚1枚について、担当の先生からの誤字脱字などの指摘事項や、書き換えることを求められた点について、修正テープや赤字で訂正ができているか。
- ☐ 実習日誌1枚1枚について、担当の先生の検印がもれていないか。
- ☐ 責任実習（部分実習、全日実習）の指導案が、第一稿から最終稿まで綴じられているか。また、自分自身のメモ書きや細案や制作物の見本も綴じられているか。
- ☐ 実習生自身の書いた、部分実習、責任実習のねらいが適切であったか。
- ☐ 実習先から配布された要覧、園だより、給食だより、行事案内、指導計画、楽譜などの資料は綴じられているか。
- ☐ 子どもたちからのプレゼントは、ファイルから落ちないように、クリアポケットを別途購入して、ていねいにまとめて綴じているか（写真1）。

写真 1

実習ファイルに綴じた子どもからのプレゼント

- ☐ 実習生自身が最後に記載する実習後の考察やまとめが記載されているか。

◆補足

実習後の考察とまとめ

自分自身の実習を終えての感想は、羅列するような書き方ではなく、実習先の保育所・幼稚園など、職員、子どもに対する感謝とともに、実習体験から見いだした自己課題を責任実習などの具体的な事例をもとに明記して、次にどのようにつなげようとするのかを記載する。なお、感想は口語文ではなく、書き言葉にする。

第4章　実習を振り返る

3 ▶ 実習ファイルの管理

　保育者には、「児童福祉法」第18条の22に示されているように、園において知り得た情報についての守秘義務があります。これは、実習生にも当てはまりますので、注意が必要です。具体的には、実習で知り得た子どもや保護者の個人情報、実習先の保育所・幼稚園などの情報が、この守秘義務に該当します。ですから、実習ファイルにおいてもこの点に注意を払い、たとえば子どもの名前が特定されないようにしたり、記載する情報に気をつける必要があります。

　また、**公共の場での会話やSNSなどによっては、重大な問題に発展する可能性があるので、実習後においても注意が必要です。**

　全国保育士会は、「**全国保育士会倫理綱領**」でも、「**プライバシーの保護**」を定めています。保育士だけでなく、幼稚園教諭、保育教諭であっても、今後はこのような倫理観をもって、子どもと向き合う必要性が求められます。

2．お礼状について

1 ▶ 実習先へのお礼状

　実習後には、まとめた実習ファイルとともに、締めくくりとして、実習でお世話になった保育所・幼稚園などへのお礼状もすみやかに送る準備をしなくてはなりません。感謝の気持ちを込めるとともに、以下の点に注意して書きましょう。また、送付する前に、実際に書いたものをほかの人に読んでもらうとよいでしょう（図表12-1）。

☐ 実習後1週間以内に出す（遠方で、やむをえず遅れても必ず出す）。

☐ 白い封筒と便箋（2枚程度）を使用すること。絵葉書や茶封筒は厳禁。

☐ 手書きで、ボールペンで書く。

☐ 辞書を使用して、誤字脱字を防ぐ。

☐ 書き出しの文例は、調べて書く。

☐ 自分の言葉で、実際にあった体験や学びを含めて、担当の先生、その他の先生や園長先生への感謝の言葉を書く。

☐ 園長先生や担当の先生を連名で記載する。

☑ 法令チェック

保育士の守秘義務

「児童福祉法」第18条の22「保育士は、正当な理由がなく、その業務に関して知り得た人の秘密を漏らしてはならない。保育士でなくなった後においても、同様とする」

✚ 補足

「全国保育士会倫理綱領」

「（プライバシーの保護）4．私たちは、一人ひとりのプライバシーを保護するため、保育を通して知り得た個人の情報や秘密を守ります」

レッスン12　実習直後のまとめ

□　実習先の保育所・幼稚園などの方針に関して批判的なこと
　　は書かない。
□　養成校からグループで参加しても、必ず個人で送付する。
□　文章は簡潔にわかりやすく、「です」「ます」調で書く。
□　実習先によっては、この手紙を先生、子ども、保護者向け
　　に掲示する場合もあるので、見られても恥ずかしくない
　　ように記載する。

図表 12-1　実習先へのお礼状の文例（６月ごろ幼稚園で実習をした場合）

前文
（頭語）
拝啓
（時候のあいさつ）
　秋も深まり、街路樹の木々も、美しく色づき始めまし
た。園長先生をはじめ、先生方皆様にはお変わりなくお
過ごしのこととお慶び申し上げます。
（お礼）
　実習の際には、お忙しいなか、さまざまなことを丁寧
にご指導いただきまして、誠にありがとうございました。

主文
（実習での学び）（今後について）
先生方からのご指導を忘れずに、これからの学生生活を
充実させ、よき保育者になるため、学び続けていきたい
と思います。
（結びのあいさつ）
　次の行事を控えて、先生方もお忙しくなることと存じ
ます。どうぞ、お体を大切になさいますよう、お祈り申
し上げます。

（結語）
　　　　　　　　　　　　　　　　　　　　　　　敬具

（日付）（所属・氏名）
　　２○○○年○月○日
　　　　　　　　　　　　　　　　○○大学　○○○○
○○幼稚園　○○園長先生　○○先生

2　実習先の子どもにメッセージを出す場合

　実習先の乳幼児にも励ましの手紙を書く場合には、個人宛てではなく、
以下の点に留意して、実習先の保育所・幼稚園などをとおして送付する
ようにしてください。
　楽しかった具体的な体験をすべてひらがなで書き、子どもができな
かったことなどは書かないようにします。子どもたちへの手紙は、大勢
の子どもたちが読んだり、掲示されたりするので、大きめの字で書き、
語りかけるような文章にします（図表12-2）。メッセージの用紙につい

153

第4章　実習を振り返る

図表12-2 子ども宛てのメッセージの文例

りすぐみの　みんなへ

りすぐみの　おともだち　おげんきですか？

このあいだは　りすぐみの　おともだちと　いっしょに　えんそくに　いったり　おちばひろいを
して　とてもたのしかったです。

さいごのひに　みんなといっしょに　ひろったおちばで　ぺんだんとを　ぷれぜんとしてくれて
なみだがでるほど　うれしかったです。

いまでも　ぺんだんとを　たからものにして　たいせつにしています。

こんどは　みんなの　はっぴょうかいがあるけど　またみにいきたいと　おもいます。

みんなの　うたがきけることを　たのしみにしています。

かぜを　ひかないように　がんばってください。

　　　　　　　　　　　　　　　　　　　　　　　　　　　　　　　○○　○○　より

ては、スタンプや切り絵をつけたり、台紙に貼ったりすることで、かわ
いらしくすることも一つの手法です。

　なお、特定の子どもや保護者と連絡先を交換するようなことは控えま
しょう。もし、そのようなことが起こった場合、実習指導の先生と相談
して、指示を受けましょう。

3．実習先への再訪問での注意

1 ▶ 再訪問する際の注意

　最終日の実習日誌を受け取るなどの理由により、実習先を再訪問する
ことになるでしょう。その際には、実習のお礼を述べるとともに、実習
のときと同じ気持ちでうかがうようにします。以下の点について、改め
て注意しましょう。

□　再訪問の際の時間は、実習先の保育所・幼稚園などに負担
　　がかからないように配慮すること。なお、講義の都合も
　　あるので、ある程度、曜日や午前、午後かについては相
　　談してみる。

□　再訪問の前後に予定があっても、スーツで訪問する。

レッスン12　実習直後のまとめ

> □　実習中に支払えなかった行事の参加費、交通費、給食費、おやつ代などの諸費の納入など忘れないようにする。
> □　担当してくださった先生、園長先生に必ずあいさつをする。
> □　実習ファイルに必要な、園長先生や担当の先生の検印に抜けがないか、改めて確認する（抜けがある場合、再郵送となり、お互いに手間がかかる）。

2　再訪問できない場合の注意

　遠方などの理由で再訪問できない場合、実習ファイルなどの資料は郵送でのやりとりとなります。この際、通常郵便で送付するのではなく、郵便履歴の残る日本郵政の「レターパックプラス」か「簡易書留」を利用します。返信用の封筒なども同封しましょう。

　また、実習ファイルとともに、送り状を添えることも忘れないようにします。

4．実習先から改めて得られる情報

　実習ファイルをまとめたり、実習先を再訪問する機会などから、実習中には気づかなかったことがみえてくることがあります。

1　実習先が行っている保護者への子育て支援について

　実習ファイルをまとめるとき、園だよりなどの保育者が保護者に向けて発信する文書を改めて読み直してみましょう。そこには、それぞれの保育所・幼稚園などが行う子育て支援や、家庭との連携などの内容が盛り込まれていることが多く、養成校の講義では受けられない内容が含まれていることと思います（図表12-3）。ふだんの保育をどのように家庭とつなげるか、また行事を行ううえでの保育所・幼稚園などの目標、家庭との協力などにどのような配慮をしているかがわかり、今後実践現場に立つときの参考にすることができます。

　もし、園だよりなどが手元にない場合は、実習していた時期の実習先のブログやホームページなどを見て、印刷して実習ファイルに綴じるようにしましょう。実習期間中に行われた保育や行事をどのように保護者に伝えていたのか、実習中体感できなかった子育て支援の背景なども読み取ることができます。実習中も保育者が保護者とどのようなやりとり

155

図表 12-3 子育て支援に関する保護者への配布物

- 園だより
- クラスだより
- 給食だより
- 行事案内
- 指導計画
- 園内の掲示物（写真参照）
- 保育所・幼稚園などが発信するホームページやブログ
- 保育者と保護者の連絡ノート

をしているかを見ることもあるでしょうが、こうした印刷物をとおしてより深く知ることができます。

実践現場に立つと、目の前のことをこなすことに精一杯で、他の保育所や幼稚園が家庭と連携した子育て支援としてどのような発信をしているか、ホームページやブログなどで見る機会はほとんどないかもしれません。実習前後の期間は、養成校での「子育て支援演習」以外で自ら学べる機会として、とても貴重な時間です。

また、実習生自身のアルバムなどに綴じられた子ども時代の写真や学校だより、園だよりなどを改めて読み直すことも、今後実践現場に立つうえで役に立ちます。

2 実習先と地域とのつながり

保育所・幼稚園・こども園などは、それぞれの地域に根づいた保育を行い、子育て支援センター、幼児教育センターとして機能している場合

写真2

実習生と職員の協議の様子。

があります。実習中、さまざまな行事に地域の方々が参加する場合があります。事前の打ち合わせには積極的に参加しましょう（写真2）。

　各実習先では、独自の保育とともに地域とのつながりをもっています。実習ファイルをまとめたり、再訪問する際には、実習先の保育所や幼稚園などの地域のなかでの位置づけを知ることが、これから役に立つはずです。

演 習 課 題

①指導の先生との協議内容を具体的に、実習日誌に記載して、その内容を振り返ることができていますか。

②実習ファイルから教育・保育理念との関連を読み取ることができますか。

③実習先から資料として配布されたもので、子育て支援として活用しているものにはどのようなものがありましたか。

レッスン**13**

実習の評価

本レッスンでは、実習後に行う自己評価などについて学びます。自己評価と実習先からの評価とを照らし合わせながら、どのようなことが不足していたのか、今後どのような力が必要になるのかなどについて考えていくことが求められます。

1．実習の振り返り

　実習は、体験して終わりではなく、実習でどのようなことを学び、自分の課題は何なのか、今後保育を行う際はどのようなことを意識していくべきかなどについて考えるよう、反省（リフレクション）していくことが大切です。その際に必要不可欠なのは、実習日誌です。実習日誌をチェックすることによって、どのようなことがあり、そこから何を学んだのか、何を考え、わからないことは何なのかなどを明確にすることができます。

1 個人での振り返りと情報共有

　実習の自己評価を行う前に、まずは実習先で自分が**どのような体験をし、どのようなことを学ぶことができたか**について振り返りを行います。その際に、実習日誌を見返しながら、実習先であった出来事を思い出してみましょう。そして、そのなかで特に印象に残った子どものエピソードや、心に響いた保育者の援助などをピックアップしてみます。そうすることで、理想とする保育者像が少しずつ見えてくるようになります。また、そのようなエピソードを**他者と共有していく**ことが大切になります。

インシデント①：叱らない声かけ

　食事中、しゃべったり、立ち歩いている子どもがいたので、注意しようか悩んでいたところ、担任の先生がしっかり座って食べている子どもをその子たちの目の前で褒めました。するとその瞬間、話したり歩いていた子どもはそれを止め、褒められようと一生懸命ご飯を食べ始めました。子どもたちを叱らずに、こちらがしてほしい

参照

実習の自己評価にあたっては、巻末資料「記録や保育に対する保育者からのアドバイス」も参照するとよい。

ことをいかに伝えるかについて学ぶことができました。

　この学生は、保育者の声かけを見るまでは、子どもを注意するときはしっかりとその子どもに向けて注意することが重要だと思っていました。しかし、このような保育者の声かけを見たことによって、直接注意することのみが声かけではないのだということを学んだのです。
　もちろん、その子どもが自分のしている行為の意味がわかるよう、「ご飯を食べるときは、どんなふうに食べるのがいいかな？　走りながら食べてもいいのかな？」などといった声かけも必要ですが、この事例のように、ほかの子どもを褒めることによって、自分の行為を正すような間接的な言葉かけは、**保育者の意図が込められた援助の一つ**であるといえます。この事例には、保育者の他児への声かけにより、他児を模倣し、自分の行為を正すことができる子どもになってほしいという意図が込められています。
　筆者は、養成校での学生の**事後指導**において、こうした事例を4コマ漫画にして発表してもらっています（図表13-1）。ある保育所の園内研修で、時間のない保育者たちが、より効率的に相手に伝わる形で事例を紹介できないかということで工夫した結果、4コマ漫画での振り返りを行っておられたことを参考にしたものです。言葉のみの説明となると想像しにくい場合もあるので、このような4コマ漫画を作成し、コメントを付けて発表してもらうような形をとると、そのシーンを共有しやすくなり、話しやすい環境になります。
　近年、保育所・幼稚園などでは保護者や子どもの多様なニーズに対応していくことが求められており、さまざまな背景を抱えた保護者や子どもたちの理解を深めていく必要があります。そのためにも自分の実習体験だけでなく、他者の実習先での体験を聞くことは大

◆ 補足
事後指導
養成校で実習後に設定されている事後指導のこと。

図表 13-1　叱らない声かけ

切なことです。他者と自分のさまざまな観点の違いや実習先の保育所・幼稚園などによる保育の違い、共通点などを感じ取り、客観的な見方ができるようになること、子どもをみる視点を広げること、保育の幅を広げていくことが求められています。

さらに、それぞれの保育所・幼稚園などでどのような子どもへの支援がされていたかという姿勢についても理解を深めていきましょう。実際にそのような支援方法を伝えている例（インシデント②）と、その4コマ漫画（図表13-2）を紹介します。

インシデント②：皆で一緒に

私が入ったクラスには、発達障害のある子どもが3人、聴覚障害のある子どもが1人いました。朝の会で先生の話を聞いている際、皆にわかるように一日の流れを書いた紙をボードに貼って説明していました。発達障害のある子どもには、お話に興味をもってもらうため、その子どもの名前を呼んだり、質問をしていました。障害の有無にかかわらず、このような説明のしかたは皆にわかりやすい方法だと感じました。また、ゆっくりとした話し方や皆に質問やクイズにすることがポイントだと思いました。

このように、**発達障害**や聴覚障害のある子どものいるクラスの保育では、保育者のさまざまな子どもへの配慮がみられます。特に、**発達障害**のある子どもには、自分のことだとわかるように名前を呼ぶということも重要なポイントであることに気づいています。話す速度や、クイズ形式でさり気なくその子の理解度を把握することも大切な点であるといえます。

年齢が低ければ、ボードの文字のみでなく写真や絵を用いたり、時系列に並べるようにしたりとさらなる工夫も必要になってきます。各年齢

図表 13-2 皆と一緒に

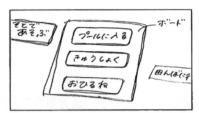

◆補足
発達障害
「発達障害者支援法」第1条では、「自閉症、アスペルガー症候群その他広汎性発達障害、学習障害、注意欠陥多動性障害その他これに類する脳機能の障害であってその症状が通常低年齢において発現するもの」と定義されている。

レッスン13　実習の評価

によってどのような工夫がされているかを共有していくことで、現場に
おける障害をもつ子どもへの配慮を知ることにつながっていきます。

2 グループでの振り返り

以上のように、4コマ漫画を使用して、さまざまな園でのエピソード
を共有したあと、小グループになりさらに細かい観点から話し合ってい
きます。小グループで話し合う際の観点は、以下のようなものです。

参照
グループでの振り返り
の具体的方法
→レッスン14

①担当した子どもの年齢の特徴について
②子どもたちの遊びや活動について
③子どもや子どもの遊びを観察するとき、このような視点で見
　るとおもしろい、理解が深まるということ
④子どもとの関わりで気をつけたほうがいいこと
⑤子どもとの関わりでとまどったこと、失敗したこと、こうす
　ればよかったと反省・後悔したこと
⑥保育室の環境、ホールや園庭の環境など園内環境について
⑦保育者の仕事の内容・役割について

これらの項目について、まずは自分で書けるところを書き出していき
ましょう。そのあとに、学生同士で書いた内容について、話し合います。
自分の体験から得た学びを他の学生に話すことによって、学んだことが
明確になります。また、ほかの学生の話を聞くことによって、共感する
ことなどから視野を広げる機会になります。

ここで注意すべき点として、以下に示すような個人情報の取り扱いに
気をつけるということです。子どもの名前や保護者の名前など、実名を
使わずに話し合いましょう。

補足
**個人情報に気をつけた
対応方法**
個人が特定されないように
「Aくん」「Bちゃん」など
と話したり、家庭環境や保
護者への批判的な内容など
については話さないように
する。

〈気をつけるべき個人情報〉
・子どもや保護者が特定されるような情報（名前・居住地など）
・子どもの家庭環境について（家族構成・虐待など）
・保護者に対する批判的な内容や心身の状況など

161

2．実習の評価について

　実習の評価は、保育士や幼稚園教諭、保育教諭に求められる資質や力量を高めるために行うものだといわれています。

　その評価には、実習先の各保育所・幼稚園・認定こども園などに行ってもらう評価と、自分自身で振り返るための自己評価があります。さらに、それらの評価を踏まえて、各養成校において授業などでの実習の振り返りレポートや実習日誌の内容などによって判断する評価もあります。ここでは、実習先からの評価と自己評価について説明します。

1 実習先からの評価

　保育所・幼稚園・認定こども園など実習先からの評価については、学生の所属する養成校からその観点が示されます。その評価項目は各養成校によって異なりますが、図表13-3にその一例を示します。

　このような観点から評価されたものを一つひとつみていくと、自分に何が足りなかったのかが明確にみえてくるようになります。

　また、実習先からの評価には、必ず「**実習の態度に関する評価**」があります。つまり、「実習の態度に関する評価」では、これまでに養成校で評価されてこなかったような「あいさつ」や「表情」「言葉づかい」「態度」という項目があることに気づくことが大切です。

　「態度」に関する評価に対しては、さまざまな感情を抱くことがあるかもしれませんが、その**評価された数字のみにとらわれない**ことが大事です。評価を真摯に受け止め、実習を振り返り、自分がどのような態度で実習に臨み、どのような経験を得て、どのような学びがあったかを冷静に判断し、次に生かしていくことが求められます。自分ではできていたと思っていても、客観的にみるとできていなかったという場合もあります。そのため、実習生として適切な行動ができていたかどうかを客観的に反省するよい機会と受け止めましょう。

図表13-3 実習評価の観点（例）

①乳幼児・施設利用者への理解に対する評価
②実習の記録や指導計画などの評価
③園や施設に関する知識の評価
④乳幼児・施設利用者への援助に対する評価
⑤実習に対する意欲や態度の評価

レッスン13　実習の評価

　大学の事後学習で振り返りを行った際、ある学生が「あいさつ」一つにしても、ただ単に「おはようございます」と元気よくあいさつしていただけだということに気づき、2回目の実習の初日で先生方とすれ違うときに「おはようございます。今日からよろしくお願いいたします」というあいさつをするように心がけるようになった、というコメントがありました。

　また、ほかの学生は「はじめての実習だったため、何をしていいかわからず、立っているだけになっていました」と述べ、「次回の実習では、何をしていいかわからないことがあれば、先生方に自分から積極的に指示をあおぐようにしたいです」とコメントした学生もいました。

　このように、実習先からの評価はただ単に評価の点数のみをみるのではなく、**その意味を客観的にとらえ、今後「どのような行動をすべきか」**ということを考えていくことが大切になります。

　さらに、保育者になった際には、保護者への対応を行わなければなりません。たとえば、自分が担当しているクラスの子どもが、友だちとのけんかによってけがをしてしまったときには、傷つけてしまった子どもの保護者と傷つけられた子どもの保護者の両方に声をかけることになります。傷つけてしまった子どもの保護者の思いを汲み取りつつ、傷つけられた子どもの保護者に、そのときの状況やなぜそのようなことになったのかなどを伝えていく必要があります。そのようなときに、ふだんから笑顔で「あいさつ」をし、さまざまな相談を聞く「態度」で、ていねいな「言葉づかい」をしていると、話しやすい関係性や信頼関係を築くことができます。

　このように、今評価されていることは将来保育者として働く際に必要となるため、実習での評価項目に「実習の態度に関する評価」という内容が入っているのです。

2　自己評価

　実習先から実習の評価をしてもらう「他者評価」とは別に、実習生自身が実習を振り返って自分のことを評価する「自己評価」があります。この「自己評価」は、学生だけでなく、**実践の場で働いている保育者も**行っているものです。

　先ほどの事例にもあるとおり、実習先からの評価の点数のみを受け止めるのではなく、そこからどのように改善していくかということが、問われます。このような他者からの評価を改善していくためにも、自己評価が必要になります。

✛補足
自己評価の重要性
「保育所保育指針」においても、第5章「職員の資質向上」1「職員の資質向上に関する基本的事項」「(1)保育所職員に求められる専門性」で、「各職員は、自己評価に基づく課題等を踏まえ、保育所内外の研修等を通じて、保育士・看護師・調理員・栄養士等、それぞれの職務内容に応じた専門性を高めるため、必要な知識及び技術の修得、維持及び向上に努めなければならない」と述べられている。

163

しかし、「自己評価」を適切に行うことはとても難しいことです。

ほとんどの養成校では、実習が始まってから数日後に実習巡回を行います。学生の実習先を教員が訪問し、実習生の様子をうかがいます。その際に、実習先からうかがった学生の様子と、学生自身から聞いた話に差がみられることがあります。たとえば、「もう少し子どもたちに積極的に関わっていくことができればいいのですが」という実習先からの要望があったので、その学生に実習先での様子を聞いてみると「積極的に子どもと関わることができています」と答えることがあります。これは、自己評価が適切にできていない事例だと考えられます。

実際によくあるのは、他者評価よりも自己評価が高く、「自分ではがんばったつもりですが、思ったよりよい評価ではありませんでした」ということを述べているケースです。前述しているとおり、これでは、評価の数字のみにとらわれ、自己評価より他者評価が低かったか高かったかということしか述べていません。そうではなく、他者評価の主体である保育者が、実習生に対してどのようなことを望んでおり、今後自分にどのようなことが求められているのかということを自ら考え、行動していく必要があるのです。

自己評価を行う力を養うためには、ふだんから意識的に自己評価をし、振り返りを行う習慣をつけていくことが大切です。たとえば、各学期終了後に返却されたレポートや成績表を見ながら自己評価を行い、改善点などを考え、次にどのように行動していくべきかを考えていくようにしてみてください。ふだんからのそうした積み重ねによって、自己評価が

図表 13-4 自己評価チェックシート（例）

①指導者の指導や助言を素直に受け止め、実践したか。	
②実習記録などの提出物は期限を守っていたか。	
③職員や他の実習生と協調して動けていたか。	
④あいさつや礼儀など、まわりの人への配慮ができていたか。	
⑤積極的に取り組み、質問をしたり、指示をあおいだりしたか。	
⑥さまざまなことに挑戦し、課題をみつけることができたか。	
⑦実習日誌は、課題意識をもって適切な記録をしたか。	
⑧乳幼児の発達や個人差を多様な視点から理解し、適切に関わろうとしていたか。	
⑨乳幼児の気持ちを受け入れ、養護と教育の視点をもって関わろうとしていたか。	
⑩保育内容や保育士の援助や役割について、理解を深めようとしていたか。	
⑪評価・反省に、自分の取り組みに対して日々深まりがみられたか。	
⑫部分実習・責任実習などの指導案や実践は、適切であったか。	

適切に行えるようになっていくのではないでしょうか。

図表13-4に、実習後に自己評価を行う際のチェックシート例を示します。それぞれの項目を3段階か5段階で評価してみるといいでしょう。そして、ただ点数をつけるだけでなく、具体的にどのようなことに取り組むことができたのか、どのようなことができなかったかなどについてノートに記述してみましょう。

ただし、ここで重要なのは、できたことやできなかったことをただ述べるだけでなく、できたことはどうすればさらによくなるか、できなかったことは今後どのようにしていくべきかなど、次につながるように具体的に書くようにしましょう。

演 習 課 題

4〜5人で1つのグループになり、以下の項目について話し合い、ノートやワークシート、ホワイトボードなどを使って整理しましょう。
①子どもの行動と各年齢の特徴
　〈例〉　・一語文を話す（1歳児）
　　　　　・トイレットトレーニングを始める（1歳児）
　　　　　・イヤイヤ期（2歳児）
②子どもたちの遊びや活動（屋内や屋外での遊び）
　〈例〉　・大きなボールや小さなボールを使って的当てをする（屋内）
　　　　　・花びらをすりつぶして色水遊びをする（屋外）
③子どもとの関わりで気をつけたほうがいいことや困ったこと
　〈例〉　・名前を覚えて名前で呼ぶようにする
　　　　　・集中しているときは声をかけず、近くで見守る
　　　　　・けんかが起こった際の声かけ
　　　　　・「〜された」「そんなことしてない」などと、言い分が違う際
　　　　　　の声かけ

レッスン **14**

実習体験の共有と今後の学び

これまでの実習体験は、皆さんにとってどのような学びをもたらしたでしょうか。実習後も養成校の講義のなかで、さらに同級生や指導教官を交えた実習体験の学びを深めることができます。ここでは、その手法とともに就職するまでの実習体験を生かして学ぶ方法を考えてみます。

1. 実習体験の共有による学び

1 養成校の指導教官との共有

　養成校の指導教官による指導は、レッスン13のとおり実習先からの評価表を用いた個別面接、グループ面接、また一斉に指導するケースなどさまざまです。

　実習先の評価表は、養成校の指導教官から直接見せられるか、間接的に口頭で説明されます。

　実習先の評価と自己評価とに差異があり、その理由がわからない場合は、ふだんの実習生の姿を知っている指導教官に質問してみるとよいでしょう。評価表の数値が重要ではなく、評価の内容について指導教官からアドバイスを受けつつ、今後の自己課題を明確にすることが大切なのです。

　指導教官に直接指導をあおぐ際には、自分の実習体験を共有してもらうために説明することが求められます。指導教官と話すときには、実習日誌や実習で取り組んだ制作物、指導案などを示しながら話をしましょう。

2 実習生同士の振り返りや報告会

　養成校の指導教官の一斉指導とともに、実習生同士で実習体験を振り返ることがあります。その場合、他の実習生と体験を共有するために、自分の実習体験を事前に整理しておく必要があります。

　整理する方法としては、一般的に「レポート形式」があります。実習をレポート形式で整理するときは、「実習施設の概要」「実習概要」「実習課題」「実習中の事例」「実習の考察」「今後の課題」といったキーワードをあげて文章化していきます。

図表 14-1 「ウェブ化」による整理の例

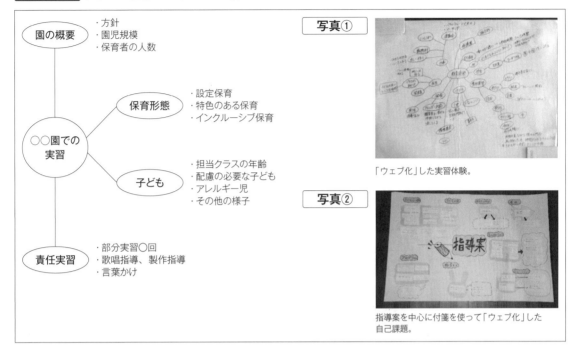

それ以外の方法として、ここでは個人で整理する「ウェブ化」とグループワークの一つである「田の字法」を紹介します。

①個人で「ウェブ化」して整理する

図表14-1のように、まず真ん中の円の中心に「○○園での実習」と書き込みます。そして、「実習」を中心としたさまざまなキーワードを書きだしていきます（写真①）。

英語のwebには、クモの巣という意味があります。実習で学んだことを項目やキーワードで、クモの巣のようにつなげていくわけです。

また、自分の課題が明確化している場合は、課題を中心に置いてそこから周囲に、どのような内容に深めていくかを書きだしてみましょう。図表14-1の写真②では、「指導案」を中心に置いて、項目ごとにキーワードを書いた付箋を周囲に貼って作成しています。

このようにウェブ化した図を示しながら、他の実習生に自分の実習体験を説明することで、情報を共有しやすくなり、ともに振り返ることができます。

②「田の字法」で振り返るグループワーク

グループワークの方法の一つである「田の字法」[†1]は、4人くらいのグループに分かれて行います（写真1、2）。準備するものは、模造紙1枚、各々20枚程度の付箋、人数分の水性マーカーです。

◆ 補足

ウェブ化
ウェブ化する技法は保育現場でも役立つ。具体的な使用例は以下を参照。
安達譲編著／安達かえで・岡健・平林祥『子どもに至る』ひとなる書房、2016年、37-41頁

▶ 出典

†1　青木将幸『ミーティング・ファシリテーション入門――市民の会議術』ハンズオン！埼玉出版部、2012年、104-110頁

図表 14-2 「田の字法」の記入内容例

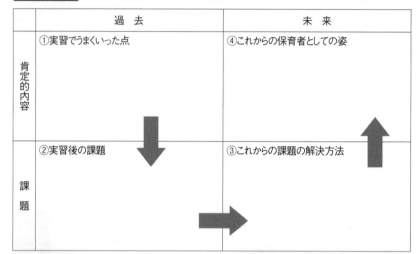

写真1 グループワークによる振り返り。

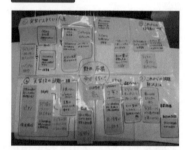

写真2 「田の字法」でつくられたグループの振り返り。

まず、図表14-2のように、横軸に「過去」(実習体験)と「未来」(将来の保育者像)、縦軸に「肯定的内容」と「課題」というように、模造紙を4区分します。グループで話し合いながら、①の欄から始め、順番に②の欄、③の欄、④の欄、というように各項目を埋めていきます。1つの欄について10分程度かけます。最終的に、グループ発表ができるようにしましょう。

「田の字法」では、②の「実習後の課題」をはっきりさせ、③でその課題の具体的な解決方法があげられるようにすることが大切です。明日からでもできる具体的な試みを話し合いましょう。具体的には、②で「草花の知識がなくて困った」とあれば、③で「通学のときに花壇に目を向けるようにする」などが書けるとよいでしょう。それによって、④の将来の理想の保育者に近づけられるようにイメージすることができます。

2. 今後の養成校における学び

1 ふだんの学生生活のなかでできる学び

実習後の自己課題が明確化できたら、ふだんの学生生活においてもそれを意識してみましょう。養成校での授業やピアノの練習などに励むとともに、以下のようなことも意識してみましょう。

・ふだんの自分の姿勢や話し方について
・講義やレポートの文章の書き方について
・自分の食生活や体調管理について
・身の回りの見過ごしがちな植物について
・季節の行事の意味合いについて
・NHKの教育テレビ等子ども向けのテレビ番組の内容や登場
　人物の話し方、身振りについて
・電車やバスでの子どもたちの話の内容や話し方について

このように、ふだんの生活のなかにも自己課題を解決するカギがあるかもしれませんので、改めて見回してみましょう。

2 卒業論文・卒業課題の際にできる学び

卒業論文や卒業課題の作成は、学生生活で学んだことや自分にとって興味のある分野を掘り下げるための大事な作業です。

特に、指導教官の推薦で実践現場へ足を運んで調査研究をするときは、以下の点を守って、学びを深めましょう。

・調査研究のために保育所・幼稚園などを訪問する場合は、必
　ず養成校や指導教官の許可を得る。
・保育所・幼稚園などへの訪問は、実習生と同じ心構えで臨む。
・卒業論文を書くときは、「全国保育士会倫理綱領」などの倫
　理規定を順守すること。また、写真などの撮影を依頼する
　場合は、その情報管理は徹底的に調査先の保育所・幼稚園
　などの規定に従う。
・保育所・幼稚園などの関係者には、卒業論文報告会の日程だ
　けでも報告し、後日卒業論文にあたる調査報告書を提出する。

第4章　実習を振り返る

以上の点を守ることが、養成校と保育所・幼稚園との良好な関係を維持することにつながります。

3　実習終了後、実習先へ再訪問して学ぶ場合

実習終了後、実習先の保育所・幼稚園などから、ボランティアや行事見学などの誘いを受けることがあります。積極的に参加することで、学びを深めることができます。ただし、訪問の可否は養成校をとおして決定するようにしましょう。

また、養成校の許可があれば、園の行事などを手伝うことは可能ですが、その際の事故や傷害の保険については確認する必要があります。実習は授業の一環のため保険の対象となりますが、個人的に保育所・幼稚園などの行事に参加することは対象外となります。

4　教職課程コアカリキュラムにおける「学校インターンシップ（学校体験活動）」の活用

「学校インターンシップ（学校体験活動)」とは、いわゆるキャリア教育にある職場インターンシップと同じで、教職員をめざす学生が、教育実習とは別に、実際の学校の授業や行事に補助として入る"職場体験"のことです。この「学校インターンシップ」が、今後の「教育職員免許法」の改正において、教育実習のコアカリキュラムに包括して規定される見込みとなりました。つまり、幼稚園教諭になるためにも、今後の教育実習のなかで「学校インターンシップ」が必要となってくるのです。私立の教職課程が設けられている大学では、幼稚園教諭免許と保育士資格の両方が取れるようにカリキュラムが組まれていることが多いので、保育士資格だけの取得を考えている場合も、ぜひインターンシップに参加してみましょう。

「学校インターンシップ」は、これまでの教育実習の前後に行われます。その目標は、教育実習の目標に準じるものですが、その違いも含めて、ここでは教育実習後に行う想定で、特に保育内容の指導および学級経営に関する事項への取り組み方を以下に例示します。

①「幼稚園教育要領」および幼児の実態などを踏まえた適切な指導案を作成し、保育を実践することができる。

「学校インターンシップ」を実施する時期は、各養成校と園が日程を調整して決めることになりますが、通常の教育実習とは異なる時期でも可能です。春に教育実習をして、夏や秋に「学校インターンシップ」を実施すれば、春に実践できなかった保育や課題が残った実践を改めて行

◆補足
教職課程コアカリキュラム
大学が教職課程を編成するにあたり参考とする指針のこと。2015（平成27）年の中央教育審議会答申「これからの学校教育を担う教員の資質能力の向上について」において、「教員の養成、研修を通じた教員育成における全国的な水準の確保を行っていくことが必要」との提言があり、これを受けて、文部科学省による「教職課程コアカリキュラムの在り方に関する検討会」により2017（平成29）年11月17日に「教職課程コアカリキュラム」がとりまとめられた。その目的は、地域や学校現場のニーズや大学の自主性や独自性が教職課程に反映され、各大学が責任をもって教員養成に取り組み教師を育成するしくみを構築することで教職課程全体の質保証をめざすためのものである。

うことができるでしょう。制作の活動でも、秋には木の実や落ち葉を使った、新しい試みをすることができるでしょう。

②保育に必要な基礎的技術（話法・保育形態・保育展開・環境構成など）を実地に即して身につけるとともに、幼児の体験との関連を考慮しながら適切な場面で情報機器を活用することができる。

　保育に必要な基礎的技術は、教育実習後の振り返りなどによって気づいた自己課題などを含め、「学校インターンシップ」によって、保育者や子どもたちを観察する視点を確認したり、保育を実践することによって磨いていくことが可能となります。

　一方、情報機器については、教育実習時よりも目をむけていくことが求められます。たとえば、担任保育者がデジタルカメラやタブレットなどを用いて、乳幼児が興味をもつものを撮影して印刷したり、投影して例示することや、お遊戯の動画を見せて模倣することなどがあげられます。こうした記録は実践の振り返りにも有効で、実習担当保育者との実習協議にも用いることができます。写真を用いて子どもの**ドキュメンテーション、ポートフォリオ、ラーニングストーリー**を作成している園が増えてきています。これは2017年に告示された「幼稚園教育要領」の**カリキュラム・マネジメント**と**評価**につながるためです。もし、インターンシップ中に用いられている場を見かけたら、どのように活用しているか担任保育者に聞くとよいでしょう。

③学級担任の役割と職務内容を実地に即して理解することができる。

　実習期間中において体験できなかった行事などに、「学校インターンシップ」として参加することがあります。そんなときは、行事の前後に保育者がどのような取り組みをしているか注目してみるといいでしょう。

　たとえば、運動会前後の保育者の職務には、使用する用具などの制作・準備・点検・片付けなどがあります。また、場所を借りる場合には、使用許可、下見、近隣へのあいさつ、実施後のお礼などがあります。教育実習時にはみることのない、このような保育者の職務により行事が成り立っていることに目をむけてみましょう。

④さまざまな活動の場面で適切に幼児と関わることができる。

　行事は幼児にとって、これまで体験したことのない非日常の場面です。行事に「学校インターンシップ」として参加すると、通常の教育実習とは異なることも多く、行事になじみのない不安気な幼児にどのように関わればよいか、いろいろ試行錯誤することがさまざまな学びにつながるのです。ふだんの教育実習とは違う一時的な関わりですが、貴重な機会ととらえて積極的に関わっていくことが望まれます。

◆ 補足

ドキュメンテーション、ポートフォリオ、ラーニングストーリー
保育において、ドキュメンテーション、ポートフォリオ、ラーニングストーリーを実践するときには、請川滋大・高橋健介・相馬靖明編著『保育におけるドキュメンテーションの活用』ななみ書房、2016年を参考にするとよい。

「幼稚園教育要領」におけるカリキュラム・マネジメントと評価
カリキュラム・マネジメントは「幼稚園教育要領」第1章「総則」第3「教育課程の役割と編成等」「1 教育課程の役割」に、評価については第1章「総則」第4 指導計画の作成と幼児理解に基づいた評価」に掲載されている。

第4章　実習を振り返る

写真5

Children's Museumでのワークショップの様子。

　また、「学校インターンシップ」の期間中に、特別な支援を要する幼児に関わることがあります。その場合は、担当保育者から事前に予備情報を得て、子どもの理解を積極的に行い、関わり方を工夫する必要があります。適切な関わりかどうかは、担当保育者に判断をあおぎ、助言をいただくようにしましょう。

　以上4つの取り組み方は、教育実習後の「学校インターンシップ」の例です。養成校によっては、教育実習の前に「学校インターンシップ」を行う養成校もあります。その場合は、観察実習と同様ととらえて、本実習につながるよう、指導教官、担当保育者の助言を受けて取り組みましょう。

5　海外における実習体験

　養成校によっては、海外留学ができる場合があります。一定の要件を満たせば、留学費用を一部補助してくれる養成校もあり、海外で貴重な保育体験をすることができます。

　留学先は、養成校や仲介業者指定の場所となります。

　留学先の教育や保育については多種多様なものがあります。事前に予備知識を得てから留学に臨みましょう。

　また、乳幼児が関わる施設にもさまざまなものがありますが、たとえばアメリカにあるChildren's Museumは一般入場も可能ですので、ぜひ立ち寄って、ワークショップに参加してみるのもよいと思います（写真5）。

▶補足
Children's Museum
子どもたちが触ったり体験交流ができる展示やプログラムを提供する教育施設。アメリカでは、チルドレンズ・ミュージアム協会があり、全米各地に設立されている。多くは、NPOやボランティアなどの専従職員によって運営されている。

レッスン14　実習体験の共有と今後の学び

演 習 課 題

①実習において、担任保育者と子どもたちとの「強い信頼関係」を実感
　したと思います。どのようにして、信頼関係が強くなったのか話し
　合ってみましょう。
②グループワークをとおして、実習後の自己課題を明確にしてみましょ
　う。
③自己課題を解決するための日常生活で意識すべき点を話し合ってみま
　しょう。

レッスン15

就職への心構えと内定を受けてから

これまでの実習を経て、子どもに関わる仕事の難しさや大切さを実感したことと思います。仕事の具体的なイメージができたところで、就職先を検討し準備をしなくてはなりません。どのような準備をして、就職に臨めばよいかを考えていきましょう。

参照
就学前の乳幼児を預かる施設
→レッスン6

1．就職先の園選び

就職先を選ぶ際、求人票に書かれている内容について、確認する必要があります。現在、就学前の乳幼児をあずかる施設は多様になっていますので、それぞれについて詳しく調べてみましょう。

1 設置者、事業主について

保育所、幼稚園、認定こども園、小規模保育事業所、認証保育所、無認可保育施設などの設置者・事業主には、いろいろな種類があります（図表15-1）。就職先を選ぶときには、設置者・事業主について、安定運営がなされているかどうかをみることが一つのポイントです。

また、公立の施設は、少子化の影響もあり、採用倍率が高いことが多く、施設の民営化とともに統廃合もすすんでいるのが昨今の現状です。

2 求人票の読み取り方

①施設の規模について

求人票に記載されている子どもの数や職員数のみでは、その保育所・幼稚園などの実際の様子はわかりません。子どもの数や職員数が少ないからアットホームな雰囲気の施設であるとは限らないし、多いと派閥があって人間関係が難しいというわけでもありません。求人票の数字を参考に実際に施設を見学して、規模を自分の目で確認することが大切です。

②給与・賞与・昇給について

求人票には、初任給（基本給）と「その他手当」が記載されています。

基本給は、税金が引かれる前の額ですから、実際の手取りの金額は記載金額よりも低くなります。なかには、固定残業代、みなし残業代が入っている場合があり、残業の有無にかかわらず一定の支給がなされている

レッスン 15　就職への心構えと内定を受けてから

図表 15-1 就学前の子どもをあずかる施設の設置者・事業主

社会福祉法人	保育所等の乳幼児の保育、子育て支援以外にも、高齢者介護、障害者支援を行う、非営利の民間団体。
学校法人	幼稚園から大学院までを設置している民間団体。近年は、認定こども園以外にも、保育所、小規模保育所、大学内保育所等を運営する場合もある。各学校が自主性を発揮して創意工夫を行っている。
宗教法人	教義をひろめ、儀式行事を行い、信者を教化育成することを主たる目的とする団体。公共事業として、乳幼児の教育および保育として保育所や幼稚園運営を行っている。
国立大学法人	国公立大学の附属機関として、乳幼児の保育および教育、子育て支援を行うため、附属園を運営している。乳幼児の保育および教育に関する研究活動を行っている。
NPO法人（特定非営利活動法人）	社会的なニーズに対応するために団体組織された、非営利団体。なお「非営利」とは、収益をあげてはいけないわけではなく、得た収益を構成員に分配せずに、主に事業活動にあてることを意味する。保育所の運営だけでなく、多様な福祉や教育事業を行っている。
株式会社	会社として一定の株を発行して、出資者から資金を調達して保育所を運営している民間の営利団体。近年は、保育所運営だけでなく、児童館、学童保育等も手掛けている。
個人事業主	個人で資金を出資して、乳幼児に関わる事業を運営している。家庭のなかや理髪店内で、運営している場合がある。
公立	市町村が運営する乳幼児に関わる事業。処遇等については、それぞれの市町村によって異なり、公務員規定に則っている。

場合があります。

　「その他手当」は、支給条件に当てはまる場合に支給されます。

　賞与については、明確な金額が示されていないこともあります。回数については、年 2 ～ 3 回が一般的です。昇給についても、明確な金額が示されていない場合や条件付きの場合があります。

　求人票に記載の給料については、高い基本給に惑わされないように、精査しましょう。

③通勤・交通費について

　通勤方法には、公共交通機関、バイク、自動車などの利用などがあります。各施設によって、駐車・駐輪が可能かどうかなどの規定があるので確認しましょう。また、「交通費支給」と記載されている場合でも、全額支給とは限りません。上限や「半径〇km以内」などと規定されていることもあるので、確認しましょう。

　自宅外通勤が可能かどうかも、確認しましょう。下宿する際には、手当の支給が別途ある場合もあります。

④退職金制度について

　各施設の所属団体による退職金制度がある場合があります。勤務期間が 1 年以上だと、退職する際に退職金が支給される場合がありますので

第4章　実習を振り返る

確認しましょう。

⑤休日など

　年間休日数や、土曜・日曜および祝日などの休日勤務について記載されています。当番や行事で、休日出勤する場合があります。なお、年間休日が少なくても、有給休暇の取得を推奨する施設もあれば、年間休日は多いが有給休暇がとりづらい施設もあります。

　産休・育休実績について、参考として記載されている施設もありますが、確認しましょう。

　また、「完全週休2日制」と記載されている場合は、毎週2日は必ず休めるという意味です。一方、「週休2日制」と記載されている場合は、1か月の間に週2日の休みが1回以上あるという意味ですので、用語の違いについても理解しましょう。

⑥試験内容と試験日

　試験内容については、筆記、面接、実技（ピアノ・体育）などがあります。具体的な内容については、求人票からは読み取れないので、就職支援室か、施設に直接、問い合わせてみましょう。

⑦キャリアパスと研修について

　キャリアパスとは、その施設で働くことで、どのような職業人生を歩むことができ、また働くなかで身につけた技能・職能により、どのような処遇を得られるかを明示するものです（図表15-2）。

　その施設において、職員が目標をもって、キャリアを積むしくみと処遇が連動している場合、働くことでキャリアを積むという充実感が生まれ、長期間、継続勤務することができます。

　これまで、保育所などでは職位が少なく、キャリアアップしにくい状況でしたが、2017（平成29）年の「子ども・子育て会議（第30回）、子ども・子育て会議基準検討部会（第33回）合同会議」（内閣府）において、保育士・幼稚園教諭などの技能・職能などに応じた処遇改善が議論されています。そのポイントのなかで、各施設がキャリアパスをその施設のしくみとしてどのように取り入れるかが議論されています。今後、各施設において、さまざまな将来のキャリアアップのイメージが描けるようなキャリアパスを示せることが、働き方の充実につながるのだと考えられます。

　なお、キャリア目標が多様に存在していれば、その数の分だけキャリアパス（針路・道筋）が設定されることになります。将来身につけたい技能・職能のために、内閣府は以下の研修分野例をあげています。

図表 15-2 キャリアパスのイメージ図

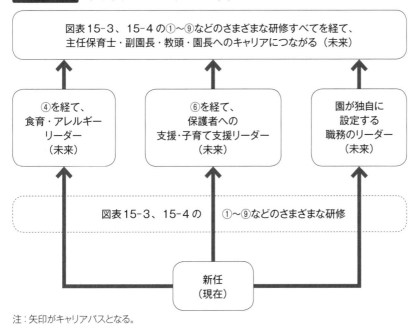

注：矢印がキャリアパスとなる。

【保育士の場合の研修分野例】 ①乳児保育、②幼児教育、③障害児保育、④食育・アレルギー、⑤保健衛生・安全対策、⑥保護者支援・子育て支援、⑦保育実践、⑧マネジメント

【幼稚園教諭の場合の研修分野例】 ①教育・保育理論、②保育実践、③特別支援教育、④食育・アレルギー、⑤保健衛生・安全対策、⑥保護者の支援・子育ての支援、⑦小学校との接続、⑧マネジメント、⑨制度や政策の動向

　このような研修を経て、保育士の場合には、職務分野別リーダー、副主任保育士・専門リーダー、主任保育士、園長へ、幼稚園教諭の場合は、若手リーダー、主幹教諭（中核リーダー・専門リーダー）、副園長・教頭、園長へと、キャリアアップする制度を内閣府は検討しています（図表15-3、図表15-4）[1]。

　すでにキャリアパスのしくみを先進的に取り入れている施設もあります。受講する研修については、施設負担のものから自己負担のものもありますので、注意が必要です。施設における研修を経て、将来の自分のなりたい姿がイメージできるかどうか調べてみましょう。

▶出典

[1] 子ども・子育て会議（第30回）、子ども・子育て会議基準検討部会合同会議（第33回）「資料２－１ 技能・経験に応じた保育士等の処遇改善等について（案）」の「保育士等（民間）に関するキャリアアップ・処遇改善のイメージ（２・３号関係）」と「幼稚園教諭等（民間）に関するキャリアアップ・処遇改善のイメージ（１号関係）」を一部省略して作成。
http://www8.cao.go.jp/shoushi/shinseido/meeting/kodomo_kosodate/k_30/index.html

第 4 章　実習を振り返る

図表 15-3 保育士等（民間）に関するキャリアアップのイメージ

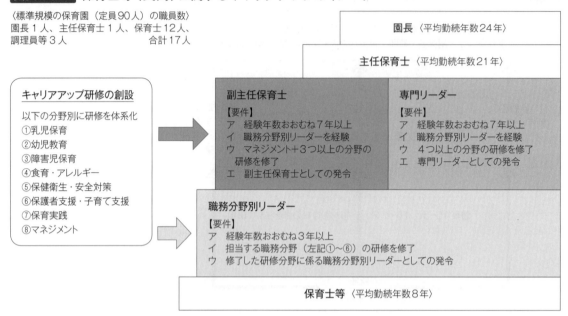

図表 15-4 幼稚園教諭等（民間）に関するキャリアアップのイメージ

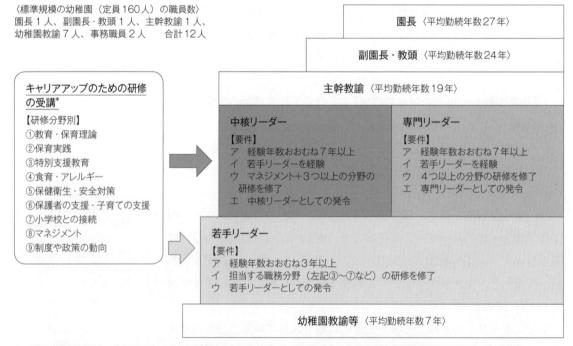

＊　都道府県・市町村、幼稚園団体、大学等が実施する、保育者としての資質向上のための既存の研修をキャリアアップに活用。

3 ▶ 養成校での事前情報収集

施設によっては、養成校の就職支援センター、チューターやゼミの指導教官とのつながりをもっている場合もあります。施設の理念、保育・教育方針、雰囲気などが、自分に合っているか相談してみましょう。また、試験内容についても、過去問題の情報などがある場合がありますので、参考にしてください。こうした施設へは、個人で履歴書を送るよりも、このような方々の助言や仲介を受けてから送付するほうがよいでしょう。

また、求人票を見て、履歴書を自分で送ろうとする場合も、その施設に事前に連絡をして送付内容を確認してから、履歴書などの必要書類を送りましょう。

4 ▶ 就職希望先への見学について

求人を行っている施設では、採用に先立ち見学会や説明会、体験会を行っている場合があります。自分がその施設で働くイメージをもつためにも、ぜひ参加しましょう。

ただし、そのような会に参加する場合においても、自分自身が養成校に所属していることを意識して臨むことが重要です。会に参加しているときの態度や話し方から、逆に施設側から、あなたがどのような人物なのか見られていることもあります。

また、会の終了後や後日、会に参加させていただいたお礼や、今後の採用試験の受験についての意向も施設側に伝えると、お互いにとってよいでしょう。

2. 採用試験について

1 ▶ 事前準備について

事前に送付する履歴書などの書類については、養成校の就職支援センター、チューターやゼミの指導教官などに見てもらい、誤字脱字のほか、内容について確認してもらいましょう。また、送付する書類に不備がないかについても必ず確認しましょう。

施設への書類提出は、締め切り期日までに郵便記録の残る簡易書留などで送付するか、持参しましょう。持参して、園長先生とコミュニケーションをとることも、採用につながる重要な点です。

2 採用試験について

①試験会場で気をつけること

- □ 時間ちょうどに会場に行かない（10分前行動で）。
- □ スマートフォンの使用はしない。
- □ 試験会場まで親に送迎してもらわない、忘れ物を親に届けてもらわない。
- □ 試験中、姿勢悪く筆記に臨まない。
- □ 試験終了直後、消しゴムのカスを床に払い落としたり、いすや机を直さず乱して退出しない。
- □ 試験後、玄関を出てすぐにスマートフォンを扱い連絡をしない。

②面接で気をつけること

面接は、施設の関係者に自分を知ってもらうための大切な機会です。以下に気をつけて、自分のアピールしたい点を前面にだして自信をもって臨みましょう。

- □ 明るい笑顔ではっきりと話す。
- □ ていねい語や敬語など正しい言葉を使う。
- □ 一般常識を踏まえたルールやマナー。
- □ 相手の話に素直に耳を傾ける。

なお、事前に必ず養成校の就職支援センター、チューターやゼミの指導教官による模擬面接を受けてから臨むようにしましょう。

3．内定してから

1 内定を受けた際の報告手順

内定の通知を受けたときは、養成校の就職支援センターやチューターおよびゼミの指導教官に報告します。

また内定後は、施設の担当者の確認のためにも、早めに施設に電話を入れましょう。そのときに、事前の新任研修の日程なども確認するとよいでしょう。手書きのお礼状をその施設に郵送すると、なおよいでしょう。

レッスン15　就職への心構えと内定を受けてから

写真1

法人内の合同研修の様子

2 新任研修

　施設によって異なりますが、新年度が始まる前に、事前の新任研修が行われるところが多いと思います（写真1）。そこでは、法人の概要、保育・教育理念の共有、園内作業の説明などが行われるのが一般的です。また、行事などの見学もあるので、積極的に参加して施設の雰囲気に慣れることをおすすめします。

　新学期に慌てないためにも、その施設がよく使用する曲の楽譜、入園式、始業式、そして保育で使用する服装や個人の備品についてもどのようなものが必要か、先輩保育者に確認します。

4．就職にあたって

　この時点で、皆さんは夢みた保育者への道を歩み始めます。

　困ったり迷ったりすることがあったら、先輩の保育者や、園長、そして学生時代実習をともにした同級生と話し合う機会を積極的にもちましょう。また、以下のウェブサイトは、保育者として学ぶべき情報が多数掲載されています。

・保育Lab　https://sites.google.com/site/hoikulab/home
・ベネッセ教育総合研究所　http://berd.benesse.jp/
・東京大学大学院教育学研究科附属発達保育実践政策学センター
　http://www.cedep.p.u-tokyo.ac.jp/

　それでは、どうぞ皆さん、新年度から出会う子どもたちと、素敵な生

181

活を送ってください！

演 習 課 題

①就職希望施設の方針や求人内容について、十分理解できていますか。

②就職希望施設の志望理由を、具体的な点をあげて自分なりに語ることができますか。

③自分の長所と短所について話せますか。また、短所を改善するためにどのようなことを心がけていますか。

参考文献………………………………………………………………………………………

レッスン12

大沢裕・高橋弥生編著『幼稚園教育実習（保育者養成シリーズ）』　一藝社　2012年

「関西学院大学　2016年度　保育所実習Ⅰ、Ⅱ　幼稚園教育実習　実習要項」

全国保育士会「全国保育士会倫理綱領」

高橋かほる監修『幼稚園・保育園 実習まるわかりガイド』ナツメ社　2009年

寺田清美・渡邊暢子『保育実習　まるごとガイド（改訂新版）』小学館　2012年

レッスン14

教職課程コアカリキュラムの在り方に関する検討会「教職課程コアカリキュラム」

（2017年11月17日）

http://www.mext.go.jp/b_menu/shingi/chousa/shotou/126/shiryo/__icsFiles/afield file/2017/07/25/1388304_3_1.pdf（2017年9月3日閲覧）

レッスン15

安達譲・安達かえで・岡健ほか　『子どもに至る──保育者主導保育からのビフォー＆アフターと同僚性』ひとなる書房　2016年

請川滋大・高橋健介・相馬靖明　『保育におけるドキュメンテーションの活用』なな み書房　2016年

全国社会福祉施設経営者協議会「ここが知りたい!! 社会福祉法人・なんでも質問箱」

https://www.keieikyo.gr.jp/data/sit01.pdf

田口さなえ・上坂旭絵　『就職HANDBOOK』　ポラリス　2017年

日本私立大学協会「『学校法人』ってなに？」

https://www.shidaikyo.or.jp/apuji/activity/2013_campaign_00.html

巻末資料

巻末資料

●記録や保育に対する保育者からのアドバイス

・環境構成図は、子どもの動きがわかるように書く
・絵本のタイトル、手遊びの曲名を書く
・実習生の動きには、どのように援助したのかを具体的に書く
・否定的な言葉はなるべく使わないようにする
・視野を広げて、子どもの行動の意味、子どもの行動に対しての保育者の援助、言葉かけの意味に気づくようにする
・すべてを援助するのではなく、子どもが自立するために見守ったり、声かけをしたりすることで、子どもが「自分でする」という意識を育てる
・オーバーリアクションを心がけ、子どもたちに伝わりやすいようメリハリをつける
・子どもたちの思いや感じたことはできるだけ受け入れる
・子どもたちに伝える際は、声かけの言葉だけでなく、文字や絵を描き、視覚で伝えるようにする

●実習日誌の例

△△幼稚園　りんご組　3歳児　25名
○ねらい：友だちの誕生日会を祝ったり、自分も参加することを楽しむ
○内容：友だちと一緒にお祝いをしたり、体操をしたり、楽しんで誕生日会に参加する

⊕補足
ねらい、内容
事前に、担当の先生から保育が行われる前にお聞きし、把握しておく。

参照
実習日誌の書き方
→レッスン9

⊕補足
「○」と「・」
大項目には「○」、その大項目に対する細かな内容は小項目で「・」を付けて書いていくと見やすくなる。

⊕補足
「保育者の援助と環境構成」の欄
ここには、保育者が行っている行為のみを書くのではなく、意図までを読み取って書く。

時刻	子どもの活動	保育者の援助と環境構成	実習生の援助・留意点
8:30	○順次登園する。 ・靴を履き替える。 ・荷物、帽子をロッカーに入れる。 ・登園服を脱いでたたむ。 ・登園服をロッカーに入れる。 ・水筒を水筒掛けに掛ける。 ・お帳面にシールを貼る。	○順次登園する子どもたちを受け入れる。 ・あいさつをする際、必ず名前を呼び、子どもが安心して保育室に入れるようにし、子ども一人ひとりの表情などから体調を確認する。 ・靴箱前でなかなか入れない子に対して理由を聞き、子どもの気持ちを受け止めながら中に入れるよう、声かけを行う。	○順次登園する子どもたちを受け入れる。 ・朝の準備がまだできていないが遊んでいる子どもにシールだけ貼ろうと誘い、どのような種類のシールがあるかを伝え、シールを貼る意欲がもてるようにする。 ・他のクラスに行っているAくんを探しに行き、理由を聞いたうえで自分のクラスに戻ることを提案するが、嫌がり、なかなか戻れない。

184

	○室内遊びをする。 ・ブロック、お絵描き、絵本、ままごと、プラレールをする。 ・片づけをする。 ・トイレへ行く。 ・手遊びをする。	○室内遊びが展開されるよう、声かけや環境構成を行う。 ・絵を描いている子どもに何を描いているか尋ねたり、褒めたりすることで達成感を味わわせ、また描きたいという気持ちが芽生えるようにする。	○室内遊びが展開されるよう、声かけや環境構成を手伝う。 ・片づけをしようとしない子どもに「片づけできるかな」や、「お願いしてもいいかな」と声をかけ、主体的に片づけられるようにする。
10:20	○ホールへ移動する。 ・お誕生日会に参加する。 ・お友だちの誕生日を祝う。 ・体操（ペンギン・ご飯）をする。 ・それぞれの保育室へ戻る。 ・トイレへ行く。	○ホールへ誘導する。 ・移動をする際、階段や扉など、気をつけるところがあるため、2列に並び、隣の子と手をつないでもらうとともに先生が一番前と後ろに分かれるようにする。 ・子どもが前で話す場をつくり、自己表現ができるよう寄り添い、できたことを褒める。	○ホールへの誘導を補助する。 ・移動する際、不安そうな子と手をつなぎ、声をかけながら移動する。 ・立ち歩きたくなっている子やキョロキョロしたり、そわそわしている子の近くへ行き、「何か始まるよ」など誕生日会に興味がもてるように声をかける。

◆ 補足

室内遊び

本来であれば、環境構成の略図を描く必要がある。特にどの場面かという指定はないが、自由遊びの室内の最初の環境や、設定保育の際の最初の環境などを描くと、責任実習などをする際に役に立つ。

〈例〉
- いす4脚
- 長机1台
- ままごとコーナーにマットを敷いて、いつも使用しているままごとセットを置く。
- ブロックコーナーの近くにブロックや積み木を置く。

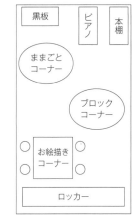

●「保育所保育指針解説」「幼稚園教育要領解説」「幼保連携型認定こども園教育・保育要領解説」について

　2018（平成30）年2月、「保育所保育指針解説」「幼稚園教育要領解説」「幼保連携型認定こども園教育・保育要領解説」が公表されました。それぞれ厚生労働省、文部科学省のサイトに掲載されていますので、確認してみましょう。

「保育所保育指針解説」
（全体版）

http://www.mhlw.go.jp/file/06-Seisakujouhou-11900000-Koyoukintoujidoukateikyoku/kaisetu.pdf

（分割版）
第1章

http://www.mhlw.go.jp/file/06-Seisakujouhou-11900000-Koyoukintoujidoukateikyoku/1_24.pdf

第2章1－2

http://www.mhlw.go.jp/file/06-Seisakujouhou-11900000-Koyoukintoujidoukateikyoku/2_19.pdf

第2章3－4

http://www.mhlw.go.jp/file/06-Seisakujouhou-11900000-Koyoukintoujidoukateikyoku/3_20.pdf

第3章、第4章、第5章

http://www.mhlw.go.jp/file/06-Seisakujouhou-11900000-Koyoukintoujidoukateikyoku/4_19.pdf

「幼稚園教育要領解説」

http://www.mext.go.jp/a_menu/shotou/youchien/__icsFiles/afieldfile/2018/02/22/1401566_01_1.pdf

「幼保連携型認定こども園教育・保育要領解説」

http://www8.cao.go.jp/shoushi/kodomoen/pdf/youryou_kaisetsu.pdf

さくいん

●かな

あ
遊び・・・・・・・・・・・・・・・・・・ 30
預かり保育 ・・・・・・・・ 82, 83, 86

い
1号認定 ・・・・・・・・・・・・・・・ 73
一日の感想・反省・・・・・・・・・・ 114
一種免許・・・・・・・・・・・・・・・・・ 4
異年齢保育・・・・・・・・ 28, 41, 82

う
ウェブ化・・・・・・・・・・・・・・・ 167
受け入れ・・・・・・・・・・・・・・・・ 30

え
エピソード ・・・・・・・・・・・・・・ 158
エピソード記録 ・・・・・・・・・・・ 100
絵本の読み聞かせの留意点 ・・ 134
延長保育・・・・・・・・・・・・・・・・ 33

お
おおむね1歳3か月から2歳未満 35
おおむね2歳・・・・・・・・・・・・・ 37
おおむね6か月から1歳3か月未満34
おおむね6か月未満 ・・・・・・・・・ 33
おむつ替え ・・・・・・・・・・・・・・ 31
おやつ・・・・・・・・・・・・・・・・・・ 32
オリエンテーション ・・・・ 11, 14, 122
お礼状・・・・・・・・・・・・・・・・・ 152

か
海外留学・・・・・・・・・・・・・・・ 172
学校インターンシップ（学校体験活
　動）・・・・・・・・・・・・・・・・・ 170
学校教育法・・・・・・・・・・・・ 43, 55
カリキュラム・マネジメント ・・・・・ 171
環境・・・・・・・・・・・・ 21, 45, 47
環境構成・・・・・・・・・・・ 127, 134
環境構成のポイント
　・・・・・・・・・・・136, 138, 140, 143
観察・・・・・・・・・・・・・・・・・・ 104
観察実習・・・・・・・・・・・・・ 25, 57

き
キャリアアップ・・・・・・・・・・・・・ 177
キャリアパス ・・・・・・・・・・・・・ 176
求人票の読み取り方・・・・・・・・ 174
教育・・・・・・・・・・・・・・・・・・ 20
教育時間・・・・・・・・・・・・・・・ 44
教職課程コアカリキュラム ・・・・・ 170

け
健康管理・・・・・・・・・・・・・・・ 11

こ
個人情報・・・・・・・・・・・・・・・ 161
午睡・・・・・・・・・・・・・・・・・・ 32
子育て支援事業・・・・・・・・・・・ 76
子ども・子育て関連3法・・・・・・ 68
子ども・子育て支援新制度 ・・・・ 84
子ども・子育て支援法施行規則 22
子どもの活動・・・・・・・・・・・・・ 111
子どもへの態度・・・・・・・・・・・ 10
子ども理解 ・・・・・・・・・・・・・・ 97
5領域 ・・・・・・・・・・・・ 48, 79, 125

さ
細案・・・・・・・・・・・・・・・・・・ 133
細菌（検便）検査証明書・・・・・・ 15
採用試験・・・・・・・・・・・・・・・ 180
参加実習・・・・・・・・・・・・・ 25, 60
3号認定 ・・・・・・・・・・・・・・・ 73

し
時間・・・・・・・・・・・・・・・・・・ 110
事後指導・・・・・・・・・・・・・・・ 159
自己評価・・・・・・・・・・・・・・・ 163
資質・能力 ・・・・・・・・・・・・・・ 125
実習科目の履修 ・・・・・・・・・・・ 7
実習後の考察とまとめ ・・・・・・・ 151
実習先からの評価 ・・・・・・・・・ 162
実習先の教職員に対する態度
　・・・・・・・・・・・・・・・・・・・ 10
実習先の評価表・・・・・・・・・・・ 166
実習先への電話・・・・・・・・・・・ 12
実習指導案・・・・118, 121, 132, 136

実習生
実習生・・・・・・・・・・・・・・・・・・ 8
実習生としての基本的態度 ・・・・・ 9
実習生の援助・配慮 ・・・・・・・ 130
実習生の援助・配慮のポイント
　・・・・・・・・・・・138, 140, 142, 143
実習生の援助・留意点 ・・・・・ 113
実習全体の流れと手続き ・・・・・ 12
実習日誌 ・・・・・・・・・・・・ 96, 106
実習日誌の内容 ・・・・・・・・・・・ 109
実習の自己評価 ・・・・・・・・・・・ 158
実習の評価・・・・・・・・・・・・・・ 162
実習の名称 ・・・・・・・・・・・・・・ 56
実習の目的 ・・・・・・・・・・・・・・ 5
実習ファイル ・・・・・・・・・・・・・ 150
実習ファイルの最終点検・・・・・ 150
児童・・・・・・・・・・・・・・・・・・・ 4
指導案・・・・・・・・・・・・・・・・・ 118
指導計画の重要性・・・・・・・・・ 118
児童中心主義・・・・・・・・・・・・ 95
児童福祉法・・・・・・・・・・・・ 9, 22
就学前の子どもをあずかる施設の設
　置者・事業主 ・・・・・・・・・・・ 175
10の姿・・・・・・・・・・・・・・ 47, 87
授乳・・・・・・・・・・・・・・・・・・ 32
順次降園・・・・・・・・・・・・・・・ 33
食事・・・・・・・・・・・・・・・・・・ 32
新任研修・・・・・・・・・・・・・・・ 181

せ
責任実習・・・・・・・・・・・ 11, 25, 64
設定保育・・・・・・・・・・・・・ 26, 63
0・1・2歳児 ・・・・・・・・・・・・ 28
全国保育士会倫理綱領・・・・・・ 152
全国保育士養成協議会・・・・・・ 16

そ
卒業課題・・・・・・・・・・・・・・・ 169
卒業論文・・・・・・・・・・・・・・・ 169

た
田の字法・・・・・・・・・・・・・・・ 167
担当型実習・・・・・・・・・・・・・・ 25
担当制・・・・・・・・・・・・・・・・・ 28

さくいん

ち
地方裁量型認定こども園 ······ 71
地域の子育て支援 ········ 81, 83

て
手遊びの留意点 ············ 134

と
登園 ····················· 30
東京女子師範学校附属幼稚園· 45
ドキュメンテーション ········ 171
特色ある教育理念をもつ幼稚園 55
ドナルド・ショーン ··········· 95

な
内定 ···················· 180
内容 ··············· 109, 125

に
2号認定 ··············· 73, 82
二語文 ···················· 35
二種免許 ··················· 4
乳児期の3つの視点 ········· 76
乳幼児突然死症候群（SIDS）
 ························· 33
認定こども園 ··············· 71
認定こども園法 ······· 20, 68, 75

ね
ねらい ··············· 109, 124
ねらい・内容のポイント ······· 143

は
排泄 ····················· 31
育みたい資質・能力 ····· 46, 87
発達障害 ················· 160
反省・考察 ··············· 132
反省的実践家 ··············· 95

ふ
複数担任 ················· 29
部分実習 ············· 25, 62

ほ
保育教諭 ················· 69
保育教諭に必要な資格・免許
 ························· 69
保育士 ··················· 16
保育時間 ················· 22
保育士資格 ··············· 3, 16
保育士試験 ··············· 16
保育実習 ················· 3, 18
保育実習Ⅰ ·············· 3, 18, 19
保育実習Ⅱ ·············· 4, 18, 19
保育実習Ⅲ ·············· 4, 18
保育実習実施基準 ········· 3, 18
保育士の休憩時間 ··········· 30
保育士の守秘義務 ········· 152
保育者の援助と環境構成 ···· 112
保育所 ··················· 20
保育士養成課程 ············ 17
保育士養成カリキュラム ······· 23
保育士養成校 ··············· 16
保育士養成施設における保育実習
 ························· 18
保育所型認定こども園 ········ 71
保育所実習での注意事項 ····· 39
保育所実習の目的 ··········· 23
保育所としての特性 ········· 21
保育所保育指針 ········· 20, 94
保育短時間 ··············· 73
保育の環境 ··············· 47
保育の記録 ··············· 94
保育標準時間 ··············· 73
保育ボランティア ·············· 8
保育を必要とする事由 ········ 72
保育を必要とする乳児・幼児
 ························· 22
ほう・れん・そう ··········· 10, 65
ポートフォリオ ·············· 171
保護者への配布物 ········· 156

ま
まとめ ··················· 130

み
身だしなみ ················· 11
見立て遊び ················· 35

め
メモ ···················· 104

よ
養護 ····················· 20
幼児期の5つの領域 ········· 76
幼児期の終わりまでに育ってほしい
 姿 ··············· 46, 47, 87, 89
幼稚園 ··················· 43
幼稚園型認定こども園 ········ 71
幼稚園教育 ··············· 44
幼稚園教育実習 ··············· 43
幼稚園教育要領 ··············· 45
幼稚園教育要領解説 ········· 55
「幼稚園教育要領」の変遷 ···· 46
幼稚園教諭免許 ··········· 3, 43
幼稚園実習 ··············· 51
幼稚園実習での注意事項 ······ 65
幼稚園設置基準 ··············· 43
幼稚園の概要 ··············· 44
幼保連携型認定こども園
 ··············· 3, 4, 69, 71, 74
幼保連携型認定こども園教育・保
 育要領 ··············· 75
予想される乳幼児の活動のポイント
 ··············· 136, 138, 142, 143

ら
ラーニングストーリー ········· 171

り
離乳食 ··················· 32

れ
レポート形式 ··············· 166

●欧文

C
Children's Museum ········ 172

189

監修者

名須川知子（なすかわ ともこ）　兵庫教育大学 理事・副学長

大方美香（おおがた みか）　大阪総合保育大学 同大学院 教授

執筆者紹介（執筆順、＊は編著者）

亀山 秀郎＊（かめやま ひでお）
担当：はじめに、レッスン12、レッスン14、レッスン15
学校法人七松学園 認定こども園七松幼稚園 園長
主著：『あそびの中で子どもは育つ──実践例だからわかりやすい！保育のキーワード！（PriPriブックス）』（共著）
　　　世界文化社　2018年
　　　『環境（新・保育内容シリーズ・3）』（共著）　一藝社　2010年

大和 晴行（やまと はるゆき）
担当：レッスン1、レッスン10、レッスン11
武庫川女子大学 講師
主著：『保育者論──子どものかたわらに』（共著）　みらい　2017年
　　　『幼少期の運動遊び指導入門──元気っ子を育てる運動遊び』（共著）　創文企画　2015年

中重 直俊（なかしげ なおとし）
担当：レッスン2、レッスン3
姫路日ノ本短期大学 准教授
主著：『保育者論──子どものかたわらに』（共著）　みらい　2017年

野口 知英代（のぐち ちえよ）
担当：レッスン4、レッスン5
大阪国際大学短期大学部 准教授

井上 裕子（いのうえ ゆうこ）
担当：レッスン6、レッスン7
認定こども園 津田このみ学園 園長
主著：『保育者論──教職の学び（新しい時代の保育者養成）』（共著）　あいり出版　2015年
　　　『保育実習の展開（MINERVA保育実践学講座）』（共著）　ミネルヴァ書房　2009年

椋田 善之（むくだ よしゆき）
担当：レッスン8、レッスン9、レッスン13
関西国際大学 講師

編集協力：株式会社桂樹社グループ
装画：後藤美月
本文デザイン：中田聡美

MINERVA はじめて学ぶ保育⑩
保育所・幼稚園・幼保連携型認定こども園実習

2018年3月30日　初版第1刷発行　　　　　　　〈検印省略〉

定価はカバーに
表示しています

監修者	名須川　知　子
	大　方　美　香
編著者	亀　山　秀　郎
発行者	杉　田　啓　三
印刷者	坂　本　喜　杏

発行所　株式会社　ミネルヴァ書房

607-8494　京都市山科区日ノ岡堤谷町1
電話代表　(075) 581 - 5191
振替口座　01020 - 0 - 8076

©亀山ほか，2018　　　　　冨山房インターナショナル

ISBN978-4-623-07971-1

Printed in Japan

名須川知子/大方美香 監修

MINERVAはじめて学ぶ保育

全12巻／B5判／美装カバー

① 保育原理　　　　　　　　　　　　　戸江茂博 編著

② 教育原理　　　　　　　　　　　　　三宅茂夫 編著

③ 保育者論　　　　　　　　　　　　　山下文一 編著

④ 保育課程・教育課程論　　　　　　　卜田真一郎 編著

⑤ 保育内容総論（乳幼児の生活文化）
　　　　　　　　　　　　　　　　　　鈴木裕子 編著

⑥ 保育内容の指導法　　　　　　　　　谷村宏子 編著

⑦ 乳児保育　　　　　　　　　　　　　馬場耕一郎 編著

⑧ 乳幼児心理学　　　　　　　　　　　石野秀明 編著

⑨ インクルーシブ保育論　　　　　　　伊丹昌一 編著　本体2200円

⑩ 保育所・幼稚園実習・幼保連携型認定こども園実習
　　　　　　　　　　　　　　　　　　亀山秀郎 編著　本体2200円

⑪ 施設実習　　　　　　　　　　　　　立花直樹 編著

⑫ 子育て支援　　　　　　　　　　　　伊藤 篤 編著

―――――――― ミネルヴァ書房 ――――――――

http://www.minervashobo.co.jp/